Schokolade

Unwiderstehliche Rezeptideen
mit Schritt-für-Schritt-Anleitungen

p

Parragon Books Ltd
Queen Street House
4 Queen Street
Bath BA1 1HE, UK

Satz: Birgit Beyer
Redaktion: Ralph Henry Fischer
Koordination: Antje Seidel, Köln

ISBN 1-40547-528-5

Printed in China

HINWEIS

Sind Zutaten in Löffelmengen angegeben, ist immer ein gestrichener Löffel gemeint. Ein Teelöffel entspricht 5 ml, ein Esslöffel 15 ml. Sofern nichts anderes angegeben ist, wird Vollmilch (3,5 % Fett) verwendet. Bei Eiern und einzelnen Gemüsesorten, z. B. Kartoffeln, verwenden Sie mittelgroße Exemplare. Pfeffer sollte stets frisch gemahlen sein. Sofern die Schale von Zitrusfrüchten benötigt wird, verwenden Sie unbedingt unbehandelte Früchte.

Kinder, ältere Menschen, Schwangere, Kranke und Rekonvaleszenten sollten auf Gerichte mit rohen oder nur leicht gegarten Eiern verzichten.

Inhalt

Einführung

Der Kakaobaum, Theobroma cacao, stammt ursprünglich aus Südamerika, wo er schon seit dem 7. Jahrhundert von den Maya kultiviert wurde, denen seine Samen nicht nur als Nahrungs-, sondern auch als Zahlungsmittel dienten. Columbus brachte die Kakaobohne 1502 nach Spanien, aber populär wurde sie dort erst, als Cortés vom Hof des Aztekenherrschers Montezuma Xocoatl einführte, ein Rezept für ein Getränk aus gerösteten, zerstampften Kakaobohnen und kaltem Wasser. Alsbald verfeinerte man das Aroma des dickflüssigen und bitteren Gebräus mit Vanille, Gewürzen, Honig und Zucker und kam schließlich auf die Idee, die Köstlichkeit heiß zu servieren.

Im 17. Jahrhundert griff das Schokoladenfieber dann aufs restliche Europa über. Frankreich erlag ihm zuerst, dann Holland: Amsterdam wurde zum wichtigsten Kakaohafen außerhalb Spaniens. Von hier breitete sich die Schokolade nach Deutschland, Skandinavien und Italien aus. Mitte des 17. Jahrhunderts gelangte sie auch nach England, wo bald „Schokoladenhäuser" den gerade erst etablierten Kaffeehäusern Konkurrenz machten.

Anfang des 19. Jahrhunderts erfand der holländische Chemiker Coenraad van Houten eine Presse, mit der man den Kakaobohnen das Fett entziehen konnte, und eine Methode zur Neutralisierung ihrer Säuren. So gewann er eine fast reine Kakaobutter und einen harten Presskuchen, der zu Kakaopulver zermahlen wurde, das als Aromazusatz diente. Von nun an konnte man Schokolade nicht nur trinken, sondern auch essen.

Bald darauf entstanden die traditionsreichen Schweizer Schokoladenunternehmen, und 1847 brachte Frys Schokoladenfabrik die erste britische „Ess-Schokolade" auf den Markt. 1875 wurde erstmals Schokolade mit Kondensmilch zu Milchschokolade verfeinert. Etwa zu dieser Zeit entwickelte Lindt eine Methode zur Herstellung der zarten Fondantschokolade, für die das Unternehmen noch heute bekannt ist.

Kakao wird heute in Afrika, auf den Westindischen Inseln, in Südamerika und in Asien angebaut. Die Kakaobohnen werden nach der Ernte in der Sonne fermentiert, dann getrocknet, geröstet und zu Kakaomasse vermahlen, die die Kakaobutter liefert. Aus Kakaomasse, Kakaobutter und allerlei Zusätzen entsteht schließlich die Schokolade in ihren unzähligen Erscheinungsformen.

Grundrezepte

Zwei Methoden, Schokolade zu schmelzen

Im Wasserbad

1 Schokolade in kleine, gleich große Stücke brechen und in eine hitzebeständige Schüssel geben.

2 Die Schüssel so in einen Topf mit heißem, nur ganz leicht kochendem Wasser hängen, dass sie nicht mit dem Topfboden in Berührung kommt.

3 Schokolade unter Rühren schmelzen.

Schokolade nie direkt auf dem Herd schmelzen (sofern sie nicht mit anderen Zutaten vermischt ist; in dem Fall bei sehr geringer Hitze schmelzen).

In der Mikrowelle

1 Schokolade in kleine Stücke brechen und in eine mikrowellengerechte Schüssel geben.

2 Die Schüssel in die Mikrowelle stellen. Als Richtwert: 125 g Zartbitter-Schokolade 2 Minuten auf hoher Stufe schmelzen, weiße oder Milchschokolade 2–3 Minuten auf mittlerer Stufe.

Achtung: Da Temperaturen und Einstellmöglichkeiten der Mikrowellengeräte variieren, zuerst die Bedienungsanleitung zu Rate ziehen.

3 Schokolade mit einem Löffel durchrühren, ein paar Minuten stehen lassen, noch einmal durchrühren. Falls nötig, weitere 30 Sekunden in der Mikrowelle erhitzen.

Dekorationen aus Schokolade

Schoko-Dekorationen machen Kuchen und Desserts noch ansprechender. Zwischen Pergamentpapier kann man sie in luftdichten Behältern aufbewahren: Zartbitter-Schokolade 4 Wochen, Milchschokolade und weiße Schokolade 2 Wochen.

Borkenschokolade

1 Geschmolzene Schokolade auf ein sauberes Kunststoff-Küchenbrett streichen und fest werden lassen.

2 Das Brett gut festhalten, ein großes Messer mit ungezahnter Klinge auf die Schokolade setzen und im 45-Grad-Winkel so übers Brett ziehen, dass lange, unregelmäßig geformte Schokoladenkräusel entstehen.

3 Die Borkenschokolade mit dem Messer vorsichtig vom Brett heben.

Schokoraspel

1 Blockschokolade auf Zimmertemperatur bringen.

2 Einen scharfen Sparschäler mit leichtem Druck über die Schokolade ziehen, um feine Raspel zu erzeugen, oder etwas fester, um gröbere Raspel zu erhalten.

Hinweis: Die Schokolade muss zum Raspeln fest genug sein. Bei warmem Wetter sollte man sie vorher im Kühlschrank kühlen.

Schokoladenblätter

1 Frisch gepflückte Blätter mit deutlicher Äderung verwenden, die sauber, trocken und geschmeidig sind. Jedes Blatt am Stiel festhalten und seine Oberseite mit geschmolzener Schokolade glatt einpinseln.

2 Dann die Blätter mit der Schokoladenseite nach oben auf ein mit Backpapier ausgelegtes Backblech legen.

3 Mindestens 1 Stunde kühlen, bis die Schokolade fest ist. Dann die Blätter von der Schokoladenschicht abziehen.

Kuchen & Torten

Ein Stück üppiger Schokoladenkuchen ist ein Hochgenuss, dem die wenigsten widerstehen können, und ein Schokoladen-Kochbuch ohne eine umfangreiche Auswahl an Kuchen und Torten wäre wohl kaum vorstellbar. Die Experimentierfreudigeren unter Ihnen können die Füllungen und Dekorationen nach Geschmack abwandeln. Alle anderen können sich von unseren einfachen Schritt-für-Schritt-Anleitungen mit zahlreichen Farbfotos zum garantierten Erfolg führen lassen.

Die raffinierten Torten und köstlichen Kuchen in diesem Kapitel sind Augenweide und Gaumenschmaus zugleich, und viele davon sind leicht zuzubereiten. Wenn Ihnen also das nächste Mal danach ist, sich selbst oder Ihre Gäste zum Nachmittagstee oder -kaffee mit etwas besonders Gutem zu verwöhnen – mit diesen Rezepten gelingt es bestimmt.

Schoko-Mandel-Kuchen

Für 8 Personen

175 g Zartbitter-Schokolade
175 g Butter
4 Eier, getrennt
125 g Zucker
50 g Mehl, ½ TL Backpulver
¼ TL Weinstein
5 Tropfen Bittermandelaroma
125 g Mandeln, gemahlen
25 g Mandelblätter und 25 g Zartbitter-Schokolade, zum Dekorieren

BELAG
125 g Vollmilch-Schokolade
25 g Butter
4 EL Crème double

2

4

1 Eine Springform (26 cm Ø) leicht einfetten und den Boden mit Backpapier auslegen. Die Schokolade in kleine Stücke brechen und mit der Butter in einem kleinen Topf unter Rühren schmelzen.

2 Mit dem Eigelb 100 g Zucker zu einer hellen cremigen Masse schlagen. Die Schokoladenmasse zugeben und gut verrühren.

3 Mehl und Backpulver in die Mischung sieben, Weinstein, Bittermandelaroma und Mandeln zugeben und unterheben.

4 Das Eiweiß schlagen, bis der Eischnee steife Spitzen bildet. Den restlichen Zucker zugeben und alles steif schlagen. Den Eischnee unter die Schokoladenmasse heben und den Teig in die Springform geben. Im vorgeheizten Backofen bei 190 °C 40 Minuten backen, bis der Kuchen beim Andrücken leicht nachgibt. Gut abkühlen lassen.

4

5 Die Zutaten für den Belag im Wasserbad erhitzen, dann vom Herd nehmen und 2 Minuten rühren. 30 Minuten abkühlen lassen. Den Kuchen auf einen Servierteller geben und mit dem Belag überziehen. Mit den Mandelblättern bestreuen und Schokolade darüber träufeln. Vor dem Servieren 2 Stunden ruhen lassen.

Schoko-Blechkuchen

Für 15 Personen

350 g Mehl, gesiebt
3 1/2 TL Backpulver
3 EL Kakaopulver, gesiebt
225 g Zucker
225 g weiche Margarine
4 Eier, verquirlt
4 EL Milch
je 50 g Vollmilch-, Zartbitter- und weiße Schokolade, geraspelt
Puderzucker, zum Bestäuben

VARIATION

Für eine besondere Garnierung schneiden Sie Papierstreifen zu und legen sie im Schachbrettmuster auf den Kuchen. Mit Puderzucker bestäuben und das Papier abnehmen.

1 Eine rechteckige Backform (33 cm x 23 cm) mit etwas Butter oder Margarine einfetten.

2 Alle Zutaten bis auf Schokoladenraspel und Puderzucker in einer großen Rührschüssel zu einer glatten Masse verarbeiten.

3 Sämtliche Schokoladenraspel einrühren.

4 In die Backform füllen und glatt streichen. Bei 180 °C im vorgeheizten Backofen 30–40 Minuten backen, bis der Kuchen aufgeht. Vollständig in der Form auskühlen lassen.

5 Den abgekühlten Kuchen mit Puderzucker bestäuben, in Quadrate schneiden und servieren.

2

3

4

Schoko-Ananas-Kuchen

Für 9 Personen

150 g fettarme Margarine
125 g Zucker
100 g Mehl, gesiebt
3 EL Kakaopulver, gesiebt
2 1/2 TL Backpulver
2 Eier
225 g Ananas aus der Dose, in Stücken und im eigenen Saft
125 ml fettarmer Naturjoghurt
ca. 1 EL Puderzucker
geriebene Schokolade, zum Dekorieren

TIPP

Sie können den Kuchen ohne Dekoration und luftdicht verpackt bis zu 3 Tagen aufbewahren. Einmal garniert, sollte er binnen 2 Tagen verzehrt werden.

1 Eine quadratische Backform (20 cm x 20 cm) leicht einfetten.

2 Margarine, Zucker, Mehl, Kakaopulver, Backpulver und Eier in eine große Rührschüssel geben. Mit einem Holzlöffel oder dem Handrührgerät glatt schlagen.

3 Die Mischung in die Form füllen und glatt streichen. Im vorgeheizten Backofen bei 190 °C 20–25 Minuten backen, bis der Kuchen beim Andrücken leicht nachgibt. In der Form etwas abkühlen lassen, auf ein Kuchengitter heben und ganz auskühlen lassen.

4 Die Ananasstücke abtropfen lassen, fein hacken und erneut abtropfen lassen. Einige Stücke beiseite legen, den Rest unter den Joghurt rühren und mit Puderzucker süßen.

5 Die Ananas-Joghurt-Mischung über den Kuchen streichen und mit den Ananasstücken garnieren. Mit der geriebenen Schokolade bestreuen.

2

3

4

Familien-Schokokuchen

Für 8 Personen

125 g Margarine
125 g Zucker
2 Eier
1 EL heller Sirup
125 g Mehl, gesiebt
1½ TL Backpulver
2 EL Kakaopulver, gesiebt

FÜLLUNG UND BELAG
50 g Puderzucker, gesiebt
25 g Butter
100 g weiße oder Vollmilchkuvertüre
etwas helle oder dunkle Schokolade, geschmolzen

1 Zwei Springformen (20 cm Ø) leicht einfetten und den Boden mit Backpapier auslegen.

2 Die Zutaten für den Kuchen mit Hand oder Rührgerät zu einem glatten Teig verarbeiten.

3 Den Teig auf die beiden Springformen verteilen und glatt streichen. Im vorgeheizten Backofen bei 190 °C 20 Minuten backen, bis der Kuchen beim Andrücken leicht nachgibt. 5 Minuten abkühlen lassen, dann aus der Form nehmen und auf ein Kuchengitter setzen.

4 Für die Füllung Puderzucker und Butter zu einer weichen, schaumigen Masse schlagen. Die Kuvertüre schmelzen und die Hälfte mit der Zuckermasse verrühren. 1 Kuchen damit bestreichen, den anderen darauf legen.

5 Den Kuchen mit der restlichen Kuvertüre überziehen. Nach Belieben mit geschmolzener Schokolade beträufeln und darin mit einem Cocktailspieß ein Marmordekor ziehen.

Schoko-Orangen-Kuchen

Für 8–10 Personen

175 g Zucker
175 g Butter oder Margarine
3 Eier, verquirlt
175 g Mehl, gesiebt
2 TL Backpulver
2 EL Kakaopulver, gesiebt
2 EL Milch
3 EL Orangensaft
geriebene Schale von 1/2 Orange

GLASUR
175 g Puderzucker
2 EL Orangensaft
etwas geschmolzene Schokolade

VARIATION

Geben Sie anstatt der Milch 2 Esslöffel Rum zur Schokoladenmischung. Der Kuchen schmeckt auch köstlich, wenn Sie anstatt der Orange Zitronensaft und -schale verwenden.

1 Eine Springform (20 cm Ø) leicht einfetten.

2 Zucker und Butter oder Margarine in einer Schüssel locker schlagen. Unter Rühren nach und nach die Eier zufügen. Mehl und Backpulver sorgfältig unterrühren.

3 Die Mischung halbieren. Kakao und Milch mit 1 Hälfte verrühren. Die andere Hälfte mit Orangensaft und -schale vermischen.

4 Die Mischungen löffelweise in die Backform füllen und mit einem Spieß verrühren, um einen Marmoreffekt zu erzielen. Im vorgeheizten Backofen bei 190 °C 25 Minuten backen, bis der Kuchen beim Andrücken leicht nachgibt.

5 Den Kuchen in der Form etwas abkühlen lassen, dann auf einem Kuchengitter ganz auskühlen lassen.

6 Für die Glasur den Puderzucker in eine Schüssel sieben und mit dem Orangensaft verrühren. Auf dem Kuchen verstreichen und vor dem Servieren aushärten lassen.

Mokka-Schichtkuchen

Für 8–10 Personen

200 g Mehl
2¼ TL Backpulver
4 EL Kakaopulver
100 g Zucker
2 Eier
2 EL heller Sirup
150 ml Sonnenblumenöl
150 ml Milch
FÜLLUNG
1 TL Instant-Kaffeepulver
1 EL kochendes Wasser
300 g Crème double
25 g Puderzucker
DEKORATION
50 g Schokoladenlocken
Schokoladenspäne (s. S. 7)
Puderzucker, zum Bestäuben

1 Drei Springformen (20 cm Ø) leicht einfetten.

2 Mehl, Backpulver und Kakaopulver in eine große Schüssel sieben. Den Zucker einrühren. In die Mitte eine Mulde drücken und Eier, Sirup, Öl und Milch hineingießen. Mit einem Holzlöffel nach und nach mit den trockenen Zutaten verrühren, bis ein glatter Teig entsteht. Den Teig gleichmäßig auf die Springformen verteilen.

3 Im vorgeheizten Backofen bei 180 °C 35–45 Minuten backen, bis der Kuchen beim Andrücken leicht nachgibt. 5 Minuten in den Formen ruhen lassen, dann auf einem Kuchengitter auskühlen lassen.

4 Den Kaffee im kochenden Wasser auflösen und mit Crème double und Puderzucker kräftig verrühren, bis die Masse sehr cremig ist. Zwei Kuchenböden mit der Hälfte der Creme bestreichen und alle aufeinander setzen. Die restliche Creme oben und an den Seiten verstreichen. Die Schokoladenlocken an den Tortenseiten leicht andrücken.

5 Den Kuchen mit den Schokoladenspänen belegen. Aus Backpapier schmale Streifen schneiden und darüber legen. Mit Puderzucker bestäuben, dann das Papier vorsichtig abheben und die Torte servieren.

Teufelskuchen

Für 8 Personen

100 g Zartbitter-Schokolade
250 g Mehl, $2^1/_2$ TL Backpulver
225 g Butter
400 g brauner Zucker
5 Tropfen Vanillearoma
3 Eier
125 ml Buttermilch
225 ml kochendes Wasser
GLASUR
300 g Zucker
2 Eiweiß
1 EL Zitronensaft
3 EL Orangensaft
kandierte Orangenschale, zum Dekorieren

TIPP

Sie können für den Kuchen auch eine Vanillebutter-Glasur herstellen. Dazu 175 g Butter weich schlagen, dann mit 350 g Puderzucker vermengen und zuletzt etwas Vanille-Aroma unterrühren.

1 Zwei Springformen (20 cm Ø) leicht einfetten und die Böden mit Backpapier auslegen. Die Schokolade in einem Topf schmelzen. Mehl und Backpulver in eine Schüssel sieben.

2 Butter und Zucker in einer anderen Schüssel schaumig schlagen, Vanillearoma zugeben und unter ständigem Rühren nach und nach die Eier zufügen. Sollte die Mischung zu flüssig sein, etwas Mehl einrühren.

3 Die Schokolade gut unterheben, dann nach und nach die restliche Mehlmischung, die Buttermilch und das heiße Wasser einrühren.

4 Den Teig in die Backformen geben und glatt streichen. Im vorgeheizten Backofen bei 190 °C 30 Minuten backen, bis der Kuchen beim Andrücken leicht nachgibt. 5 Minuten abkühlen lassen, dann vorsichtig aus den Formen nehmen und auf ein Kuchengitter heben.

5 Die Zutaten für die Glasur im Wasserbad schaumig schlagen, vorzugsweise mit einem Handrührgerät. Vom Herd nehmen und weiter kräftig schlagen, bis die Mischung abgekühlt ist.

6 Die Kuchenböden mit der Glasur bestreichen und aufeinander legen, dann den Kuchenrand mit der restlichen Glasur überziehen. Mit einem Messer dekorative Spitzen ziehen und mit Orangenschale dekorieren.

4

5

6

Teebrot mit Schokolade

Für 4 Personen

175 g weiche Butter

100 g Zucker

4 Eier, leicht verquirlt

225 g Zartbitter-Schokolade, geraspelt

100 g Rosinen

50 g Walnusskerne, gehackt

geriebene Schale von 1 Orange

225 g Mehl

2 TL Backpulver

2

5

6

1 Eine große Kastenform leicht einfetten und den Boden mit Backpapier auslegen.

2 Butter und Zucker zu einer schaumigen Masse verrühren.

3 Unter Rühren nach und nach die Eier zugeben. Sollte die Masse zu gerinnen beginnen, etwas Mehl unterrühren.

4 Schokoladenraspel, Rosinen, Walnüsse und Orangenschale zugeben. Mehl und Backpulver unterheben.

5 Den Teig in die Form geben und mit dem Löffelrücken eine kleine Vertiefung in die Mitte drücken.

6 Im vorgeheizten Backofen bei 170 °C 1 Stunde backen, bis ein eingestochener Holzspieß teigfrei bleibt.

7 Den Kuchen in der Form 5 Minuten abkühlen lassen, dann auf einem Kuchengitter auskühlen lassen.

8 In Scheiben schneiden und servieren.

Schoko-Schichtkuchen

Für 10 Personen

7 Eier
200 g Zucker
150 g Mehl
50 g Kakaopulver
50 g Butter, zerlassen

FÜLLUNG
125 g Butter
200 g Zartbitter-Schokolade
50 g Puderzucker

DEKORATION
75 g Mandelblätter, geröstet und leicht zerkleinert
Schokoladenspäne oder geriebene Schokolade

1 Eine 23-cm-Kastenform leicht einfetten und den Boden mit Backpapier auslegen.

2 Eier und Zucker 10 Minuten kräftig schlagen, bis die Masse steife Spitzen bildet.

3 Mehl und Kakaopulver zusammen sieben und die Hälfte davon unter die Eimasse heben. Die Butter zugießen, dann den Rest der Mehl-Kakao-Mischung unterheben. Den Teig in die Form füllen und im vorgeheizten Backofen bei 180 °C 30–35 Minuten backen. 5 Minuten abkühlen lassen, dann aus der Form nehmen und auf einem Kuchengitter auskühlen lassen. Anschließend in die gesäuberte Form zurückgeben.

4 Für die Füllung Butter mit der Schokolade schmelzen, den Topf vom Herd nehmen und den Puderzucker einrühren. Nach dem Abkühlen zu einer dicken Creme schlagen.

5 Den Kuchen der Länge nach halbieren, die Hälften jeweils in 3 Schichten schneiden und die Einzelteile mit 3 Viertel der Schokoladencreme als Füllung wieder zusammensetzen. Den Kuchen mit dem Rest der Creme überziehen, mit der Gabel ein Muster ziehen und die Seiten mit den Mandeln bestreuen. Mit Schokoladenspänen oder geriebener Schokolade dekorieren.

3

5

5

Schoko-Karotten-Kuchen

Für 6 Personen

5 Eier
150 g Zucker
150 g Mehl
40 g Kakaopulver
175 g Karotten, geschält und fein gerieben
50 g Walnusskerne, gehackt
2 EL Sonnenblumenöl
350 g Frischkäse
175 g Puderzucker
175 g Vollmilch- oder Zartbitter-Schokolade, geschmolzen

1 Eine Springform (20 cm Ø) einfetten und den Boden mit Backpapier auslegen.

2 Eier und Zucker im heißen Wasserbad 10 Minuten steif schlagen.

3 Vom Herd nehmen, Mehl und Kakaopulver sieben und vorsichtig unterheben. Karotten, Walnüsse und Öl ebenfalls vorsichtig unterrühren.

4 Den Teig in die Form füllen und im vorgeheizten Backofen bei 190 °C 45 Minuten backen. 5 Minuten abkühlen lassen, dann aus der Form nehmen und auf ein Kuchengitter heben. Quer durchschneiden.

5 Frischkäse und Puderzucker locker schlagen, dann die geschmolzene Schokolade unterheben. 1 Kuchenboden mit der Hälfte der Masse bestreichen, den zweiten Boden darauf legen und mit der restlichen Masse überziehen. Mit dem Palettenmesser dekorative Spitzen ziehen. Vor dem Servieren vollständig abkühlen lassen.

2

3

5

Schoko-Joghurt-Kuchen

Für 8 Personen

150 ml Pflanzenöl
150 g Naturjoghurt
175 g Zucker
3 Eier, verquirlt
100 g Vollkornmehl
125 g Weizenmehl
3½ TL Backpulver
2 EL Kakaopulver
1 TL Natron
50 g Zartbitter-Schokolade, geschmolzen

FÜLLUNG UND BELAG
150 g Naturjoghurt
150 g Schlagsahne
225 g frische Beeren, z. B. Erdbeeren oder Himbeeren

1 Eine 26-cm-Springform leicht einfetten und den Boden mit Backpapier auslegen.

2 Öl, Joghurt, Zucker und Eier cremig schlagen. Mehl, Backpulver, Kakaopulver und Natron in die Mischung sieben und gut verrühren, dann die Schokolade einrühren.

3 In die Backform geben und im vorgeheizten Backofen bei 180 °C 45–50 Minuten backen, bis ein in den Kuchen gestochener Holzspieß teigfrei bleibt. Den Kuchen 5 Minuten abkühlen lassen, dann aus der Form nehmen und auf ein Kuchengitter heben. Zweimal längs durchschneiden.

4 Für die Füllung Joghurt und Sahne in einer sauberen Schüssel schlagen, bis sich Spitzen bilden.

5 Einen der Kuchenböden mit der Joghurt-Sahne-Mischung bestreichen. Mit einem Teil der Früchte belegen (größere Früchte wie Erdbeeren in Scheiben schneiden). Den Vorgang mit den beiden anderen Böden wiederholen und die Oberseite mit dem restlichen Obst dekorieren.

Himbeer-Pavlova

Für 10 Personen

3 Eiweiß
175 g Zucker
1 TL Speisestärke
25 g Zartbitter-Schokolade, fein gerieben

FÜLLUNG
175 g Zartbitter-Schokolade
450 g Sahne, geschlagen
350 g frische Himbeeren
etwas geschmolzene Schokolade

TIPP

Wenn Sie Eiweiß schlagen, muss das Gefäß absolut sauber und fettfrei sein – sonst wird der Eischnee nicht fest.

1 Auf Backpapier 3 Rechtecke (10 cm x 25 cm) aufmalen und auf 2 Backblechen platzieren.

2 Das Eiweiß in einer Schüssel steif schlagen, bis der Eischnee steife Spitzen bildet, dann nach und nach die Hälfte des Zuckers unterrühren, bis die Mischung sehr steif und glänzend ist.

3 Den restlichen Zucker, die Speisestärke und die Zartbitter-Schokolade vorsichtig unterheben.

4 Die Baisermasse in einen Spritzbeutel mit Lochtülle (10 mm Ø) füllen und dicht an dicht Baisers auf das Papier spritzen.

5 Im vorgeheizten Backofen bei 140 °C 90 Minuten backen, dabei einmal die Position der Backbleche tauschen. Die Baisers bei geschlossener Tür im Backofen abkühlen lassen, dann vorsichtig das Backpapier abziehen.

6 Die Schokolade schmelzen und 2 der 3 Baiserböden damit bestreichen. Abkühlen lassen.

7 Einen der beiden Schokoladen-Baiserböden auf eine Servierplatte legen, mit Schlagsahne bestreichen und mit Himbeeren belegen. Den zweiten Boden auflegen und den Vorgang wiederholen.

8 Den dritten Boden (ohne Schokolade) darauf legen und mit dem Rest der Sahne und der Himbeeren dekorieren. Mit etwas geschmolzener Schokolade besprenkeln und sofort servieren.

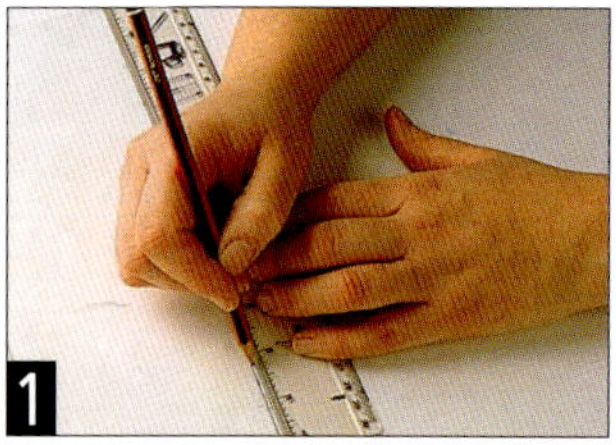

Sachertorte

Für 10 Personen

175 g Zartbitter-Schokolade
150 g Butter
150 g Zucker
6 Eier, getrennt
150 g Mehl
GLASUR UND FÜLLUNG
175 g Zartbitter-Schokolade
5 EL starker schwarzer Kaffee
175 g Puderzucker
6 EL Aprikosenmarmelade
50 g Zartbitter-Schokolade, geschmolzen

TIPP

Zu diesem Kuchen schmecken köstlich frisch geschlagene Sahne oder frische Himbeeren bzw. Himbeer-Coulis.

1 Eine Springform (26 cm Ø) einfetten und den Boden mit Backpapier auslegen. Die Schokolade schmelzen. Butter und 75 g Zucker schaumig schlagen. Das Eigelb zufügen und kräftig schlagen. Die Schokolade unter Rühren langsam zugießen. Das Mehl einrühren. Das Eiweiß steif schlagen. Den restlichen Zucker zufügen und 2 Minuten zu einer glänzenden Masse schlagen. Portionsweise in die Schokoladenmischung einarbeiten.

2 Den Teig in die Springform füllen und glatt streichen. Im vorgeheizten Backofen bei 150 °C 60–90 Minuten backen. 5 Minuten in der Form lassen, dann auf einem Kuchengitter vollständig abkühlen lassen.

3 Für die Glasur die Schokolade schmelzen und den Kaffee sorgfältig einrühren. Den Puderzucker in eine Schüssel sieben und mit der Schokoladenmischung zu einer steifen Masse verrühren. Den Kuchen quer halbieren. Die Marmelade erwärmen, 1 Kuchenboden damit bestreichen und den anderen auflegen. Den Kuchen oben und an den Seiten mit der Schokoladencreme überziehen. 5 Minuten ruhen lassen, damit überschüssige Creme ablaufen kann. Auf eine Kuchenplatte heben und 2 Stunden fest werden lassen.

4 Für die Dekoration etwas geschmolzene Schokolade in einen kleinen Spritzbeutel füllen und „Sacher“ oder „Sachertorte“ auf den Kuchen schreiben. Fest werden lassen und servieren.

1

3

4

Sachertorte

Schoko-Marshmallow-Kuchen

Für 6 Personen

85 g Butter, plus etwas mehr, zum Einfetten
225 g Zucker
3 Tropfen Vanillearoma
2 Eier, verquirlt
85 g Zartbitter-Schokolade, in Stücke gebrochen
150 ml Buttermilch
175 g Mehl
2 TL Backpulver
½ TL Natron
1 Prise Salz
55 g geraspelte Vollmilch-Schokolade, zum Dekorieren

GLASUR
175 g weiße Marshmallows
1 EL Milch
2 Eiweiß
2 EL Zucker

1 Eine Napfkuchenform (850 ml) mit Butter einfetten. Butter, Zucker und Vanillearoma zusammen schaumig rühren, dann nach und nach die Eier unterrühren.

2 Die Zartbitter-Schokolade unter Rühren im Wasserbad schmelzen. Nach und nach die Buttermilch zugeben und gut unterrühren. Vom Herd nehmen und etwas abkühlen lassen.

2

3 Mehl, Backpulver, Natron und Salz in eine saubere Schüssel sieben und mischen.

4 Die Schokoladenmasse und die Mehlmischung jeweils portionsweise unter die Butter-Zucker-Creme mengen. Den fertigen Teig in die Kuchenform füllen und glatt streichen.

4

5 Bei 160 °C im vorgeheizten Backofen ca. 50 Minuten backen, bis ein in die Kuchenmitte gestochener Holzspieß teigfrei bleibt. Auf ein Kuchengitter stürzen und abkühlen lassen.

6 Für die Glasur Marshmallows und Milch in einen kleinen Topf geben und bei schwacher Hitze vorsichtig erwärmen, bis die Marshmallows geschmolzen sind. Topf vom Herd nehmen und abkühlen lassen.

6

7 Eiweiß halbsteif schlagen, dann den Zucker zugeben und zu steifem Eischnee schlagen. Unter die abgekühlte Marshmallowcreme ziehen. 10 Minuten ruhen lassen.

8 Den abgekühlten Kuchen mit der Marshmallowglasur bestreichen und mit Schokoladenraspeln bestreuen.

Schokoschnitten

Für 10 Personen

225 g Butter
100 g Bitterschokolade, gehackt
150 ml Wasser
300 g Mehl
2 TL Backpulver
275 g brauner Zucker
150 g saure Sahne
2 Eier, verquirlt

GLASUR
200 g Bitterschokolade
6 EL Wasser
3 EL Schlagsahne
1 EL gekühlte Butter

1

2

3

1 Ein Backblech (32 cm x 20 cm) einfetten oder mit Backpapier auslegen. Butter, Schokolade und Wasser in einem Topf unter ständigem Rühren schmelzen.

2 Mehl und Backpulver in eine Schüssel sieben und mit dem Zucker vermengen.

3 Die heiße Schokoladenmasse in die Schüssel gießen und gleichmäßig verrühren. Dann die saure Sahne, anschließend die Eier einrühren.

TIPP

Frieren Sie den Kuchen auf dem Kuchengitter ein – platzieren Sie darunter ein großes Backblech, um mögliche Tropfen aufzufangen.

4 Den fertigen Teig auf dem Backblech verteilen und bei 190 °C im vorgeheizten Backofen 40–45 Minuten backen.

5 Den Teig in der Form leicht abkühlen lassen, dann auf einem Kuchengitter ganz auskühlen lassen.

6 Für die Glasur die Schokolade mit dem Wasser bei minimaler Hitze schmelzen, dann die Sahne einrühren. Vom Herd nehmen und die Butter einrühren. Den fertigen Schokoguss über den ausgekühlten Teig gießen und gleichmäßig darauf verteilen.

Schokokuchen mit Mousse

Für 12 Personen

175 g Butter
175 g Zucker
4 Eier, leicht verquirlt
1 EL Kakaopulver
200 g Mehl
2 TL Backpulver
50 g Zartbitter-Schokolade, geschmolzen

ORANGENMOUSSE
2 Eier, getrennt
50 g Zucker
200 ml Orangensaft
2 TL Gelatine
3 EL Wasser
300 g Schlagsahne
geschälte Orangenscheiben

1 Eine Springform (20 cm Ø) leicht einfetten und den Boden mit Backpapier auslegen. Butter und Zucker schaumig schlagen. Nach und nach die Eier unterrühren. Kakao, Mehl und Backpulver sieben und unter die Mischung heben. Die Schokolade unterrühren.

2 Den Teig in die Form geben und glatt streichen. Im vorgeheizten Backofen bei 180 °C 40 Minuten backen. 5 Minuten ruhen lassen, dann aus der Form nehmen und auf einem Kuchengitter abkühlen lassen. Den Kuchen quer durchschneiden.

3 Für die Mousse Eigelb und Zucker schaumig schlagen. Den Orangensaft unterrühren. Die Gelatine in das Wasser einstreuen, quellen lassen und unter Rühren im Wasserbad auflösen. Unter die Mousse rühren.

4 Die Sahne steif schlagen, ein wenig für die Garnierung zurückbehalten und den Rest unter die Mousse heben. Das Eiweiß steif schlagen und unterheben. An einem kühlen Ort fest werden lassen, dabei gelegentlich umrühren.

5 In die Springform 1 Kuchenschicht legen, die Mousse darauf geben und die zweite Kuchenschicht auflegen. Fest werden lassen. Auf eine Kuchenplatte heben, Sahnerosetten auf den Rand spritzen und mit Orangenscheiben belegen.

2

3

5

Schokorolle

Für 6 Personen

150 g Zartbitter-Schokolade
2 EL Wasser
6 Eier
175 g Zucker
25 g Mehl
1 EL Kakaopulver

FÜLLUNG

300 g Schlagsahne
75 g Erdbeeren, in Scheiben geschnitten
Puderzucker, Schokoladenblätter (s. S. 7) und frische Erdbeeren, zum Servieren

1 Ein 38 cm x 25 cm großes Rechteck aus Backpapier schneiden und auf ein Backblech legen. Schokolade und Wasser unter ständigem Rühren erhitzen, bis die Schokolade geschmolzen ist. Etwas abkühlen lassen.

2 Eier und Zucker 10 Minuten kräftig schlagen. Die Schokolade einrühren. Mehl und Kakaopulver unterheben. Den Teig auf dem Backpapier verteilen und glatt streichen.

3 Im vorgeheizten Backofen bei 200 °C 12 Minuten backen. Ein Stück Backpapier mit Zucker bestreuen und den Biskuitboden darauf stürzen. Das Backpapier-Rechteck vorsichtig vom Teig abziehen. Den Boden samt gezuckertem Papier aufrollen und mit einem feuchten Küchentuch bedeckt vollständig abkühlen lassen.

4 Die Sahne steif schlagen. Die Kuchenrolle aufrollen und die Erdbeeren darauf verteilen. 3 Viertel der Sahne darauf streichen und wieder aufrollen (ohne Papier).

5 Die Schokorolle auf eine Kuchenplatte legen. Mit Puderzucker bestäuben, mit der restlichen Sahne und Schokoladenblättern (s. S. 7) dekorieren.

4

5

5

Schoko-Kokos-Rolle

Für 8 Personen

3 Eier

75 g Zucker

50 g Mehl

½ TL Backpulver

1 EL Kokoscreme, mit 1 EL Wasser verrührt

25 g Kokosraspel

6 EL Himbeermarmelade

SCHOKOLADENÜBERZUG

200 g Zartbitter-Schokolade

70 g Butter

2 EL heller Sirup

HIMBEER-COULIS

225 g Himbeeren

2 EL Wasser

4 EL Puderzucker

1 Ein Backblech (23 cm x 30 cm) leicht einfetten und den Boden mit Backpapier auslegen. Eier und Zucker in einer großen Schüssel mit dem Handrührgerät etwa 10 Minuten schaumig schlagen.

2 Mehl und Backpulver in die Mischung sieben und mit einem Metalllöffel unterrühren. Kokoscreme und Kokosraspel einrühren. Den Teig auf das Backblech geben und bei 200 °C im vorgeheizten Backofen 10–12 Minuten backen, bis der Boden beim Andrücken leicht nachgibt.

3 Ein Stück Backpapier mit Zucker bestreuen und auf ein feuchtes Küchentuch legen. Den Kuchen auf das Backpapier stürzen und das warme Backpapier vorsichtig abziehen. Den Kuchen mit der Marmelade bestreichen und mithilfe des Küchentuchs von der kurzen Seite her einrollen. Auf ein Kuchengitter heben und vollständig abkühlen lassen.

4 Für den Überzug Schokolade und Butter unter Rühren schmelzen. Den Sirup einrühren und 5 Minuten abkühlen lassen. Über der Rolle verstreichen und fest werden lassen.

5 Für die Coulis die Früchte mit Wasser und Zucker pürieren und durch ein Sieb streichen. Die Rolle in Scheiben schneiden und mit der Coulis servieren.

2

3

3

Schokoroulade

Für 8 Personen

150 g Bitterschokolade, grob gehackt
3 EL Wasser
5 Eier, getrennt
175 g Zucker
25 g Rosinen, gehackt
25 g Pecannüsse, gehackt
1 Prise Salz
300 g Sahne, leicht verquirlt
Puderzucker, zum Bestäuben

1 Eine flache Backform (30 cm x 20 cm) einfetten und mit Backpapier auslegen.

2 Die Schokolade mit dem Wasser in einem kleinen Topf schmelzen. Dann leicht abkühlen lassen.

3 Eigelb und Zucker 2–3 Minuten schlagen, bis eine dickflüssige Creme entsteht.

4 Dann Schokolade, Rosinen und Pecannüsse unterrühren.

5 Das Eiweiß salzen und steif schlagen. 1 Viertel des Eischnees,

dann den Rest nach und nach unter die Schokoladenmischung heben.

6 Diesen Teig in die Form füllen und bei 180 °C im vorgeheizten Backofen 25 Minuten backen, bis er

gerade fest ist. Kurz abkühlen lassen, dann mit Backpapier und einem feuchten, sauberen Küchentuch abdecken und ganz abkühlen lassen.

7 Den Teig auf ein zweites, mit Puderzucker bestäubtes Stück Backpapier stürzen. Das obere Papier entfernen.

8 Die Sahne auf dem Teig verstreichen. Von einer kurzen Seite her den Teig einrollen. Dabei das Papier zu Hilfe nehmen. Die Enden der fertigen Roulade gerade schneiden, die Roulade auf eine Kuchenplatte legen und bis zum Verzehr kalt stellen. Nach Belieben mit Puderzucker bestäuben.

Mandel-Haselnuss-Kuchen

Für 8 Personen

4 Eier
100 g Zucker
50 g Mandeln, gemahlen
50 g Haselnüsse, gemahlen
50 g Mehl
50 g Mandelblätter
FÜLLUNG
100 g Zartbitter-Schokolade
20 g Butter
300 g Schlagsahne
Puderzucker, zum Bestäuben

1 Zwei Springformen (20 cm Ø) leicht einfetten und die Böden mit Backpapier auslegen.

2 Eier und Zucker in einer großen Schüssel mit dem Handrührgerät ca. 10 Minuten schaumig schlagen.

3 Die Mandeln und Nüsse unterrühren, das Mehl sieben und mit einem Metalllöffel sorgfältig einarbeiten. Den Teig in die Kuchenformen füllen.

3

4 Einen Kuchen mit den Mandelblättern bestreuen. Im vorgeheizten Backofen bei 190 °C 15–20 Minuten backen, bis der Kuchen beim Andrücken leicht nachgibt.

4

5 In den Formen etwas abkühlen lassen. Vorsichtig auf ein Kuchengitter heben und vollständig auskühlen lassen.

6 Für die Füllung die Schokolade schmelzen, vom Herd nehmen und die Butter einrühren. Abkühlen lassen. Die Sahne steif schlagen und die Schokolade vorsichtig unterheben.

7 Den Kuchen ohne Mandelblätter auf eine Kuchenplatte heben und mit der Füllung bestreichen. Leicht fest werden lassen, dann den zweiten Kuchen darauf setzen und 1 Stunde kalt stellen. Mit Puderzucker bestäuben und servieren.

7

Baiser-Schichttorte

Für 8 Personen

6 Eiweiß

140 g Zucker

175 g Puderzucker

2 EL Speisestärke

FÜLLUNG

225 g Crème double

140 g Zartbitter-Schokolade, in kleinen Stücken

4 TL dunkler Rum

DEKORATION

150 g Crème double

4 TL Zucker

1–2 TL Kakaopulver

1 Auf 5 Bögen Backpapier jeweils einen Kreis von 18 cm Ø zeichnen. Mit dem Papier 5 Backbleche auslegen.

2 Eiweiß halbsteif schlagen. Zucker, Puderzucker und Speisestärke vermengen und portionsweise unter die Eiweißmasse schlagen, bis ein steifer Eischnee entsteht.

3 Die Baisermasse in einen Spritzbeutel mit Rundtülle füllen. Jeweils vom Kreismittelpunkt ausgehend eine Spirale von 18 cm Ø auf jeden der aufs Backpapier gezeichneten Kreise spritzen.

3

4 Im vorgeheizten Backofen bei niedrigster Hitze und leicht geöffneter Tür 6 Stunden oder über Nacht backen.

5 Nach dem Backen die Baiserböden vom Backpapier lösen und auf Kuchengittern abkühlen lassen.

6 Füllung: Crème double in einem Topf erwärmen. Schokolade zugeben, unter Rühren schmelzen lassen. Vom Herd nehmen, mit dem Schneebesen durchrühren. Rum unterrühren, dann mit Frischhaltefolie abgedeckt über Nacht oder während der Backzeit der Baiserböden in den Kühlschrank stellen.

6

7 Vor dem Zusammensetzen der Torte die Füllung mit dem Handrührgerät durchrühren, bis sie dickflüssig und glatt ist. 3 Baiserböden auf eine Arbeitsplatte legen und mit Füllung bestreichen. Die 3 Baiserböden aufeinander stapeln und mit einem 4. Boden abdecken. Den 5. Baiserboden zu Krümeln zerbröseln.

7

8 Dekoration: Crème double mit dem Zucker zu einer dickflüssigen Creme verrühren. Die Creme gleichmäßig auf den obersten Baiserboden verteilen. Mit den Baiserkrümeln bestreuen und mit Kakaopulver bestäuben. Innerhalb von 1–2 Stunden servieren.

Schoko-Walnuss-Kuchen

Für 8 Personen

4 Eier
125 g Zucker
125 g Mehl
1 EL Kakaopulver
25 g Butter, zerlassen
75 g Zartbitter-Schokolade, geschmolzen
150 g Walnusskerne, fein gehackt

FÜLLUNG
75 g Zartbitter-Schokolade
125 g Butter
200 g Puderzucker
2 EL Milch
Walnusshälften, zum Dekorieren

1 Eine Springform (20 cm Ø) leicht einfetten und den Boden mit Backpapier auslegen. Eier und Zucker 10 Minuten schlagen, bis sich steife Spitzen bilden.

2 Mehl und Kakaopulver in die Eimasse sieben und unterheben. Dann die Butter, die Schokolade und die Walnüsse unterheben. Den Teig in die Form geben und im vorgeheizten Backofen bei 160 °C 30–35 Minuten backen, bis der Kuchen beim Andrücken leicht nachgibt.

3 Den Kuchen 5 Minuten abkühlen lassen, dann vorsichtig aus der Form nehmen und auf ein Kuchengitter heben. Den abgekühlten Kuchen quer durchschneiden.

4 Für die Füllung die Schokolade schmelzen und leicht abkühlen lassen. Butter, Puderzucker und Milch zu einer hellen, schaumigen Masse schlagen, dann vorsichtig die geschmolzene Schokolade unterheben.

5 Den Kuchen auf eine Kuchenplatte heben, etwas Füllung zwischen die Kuchenhälften geben und den Kuchen mit der restlichen Creme überziehen. Mit dem Palettenmesser dekorative Spitzen ziehen und mit Walnusshälften dekorieren.

Dobos-Torte

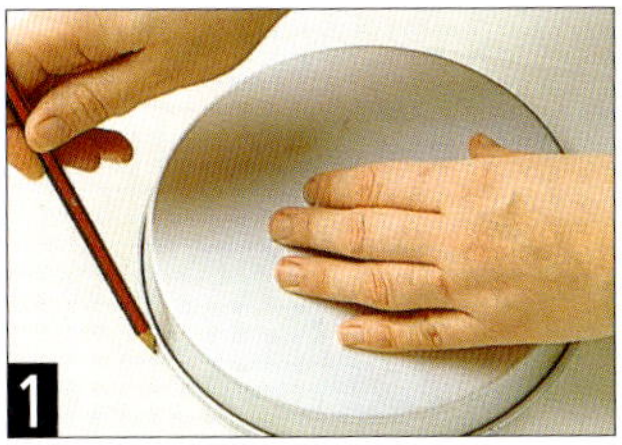

Für 8 Personen

3 Eier
100 g Zucker
5 Tropfen Vanillearoma
100 g Mehl
FÜLLUNG
175 g Zartbitter-Schokolade
175 g Butter
2 EL Milch
350 g Puderzucker
KARAMELL
100 g Zucker
4 EL Wasser

1 Auf Backpapier 4 Kreise von 18 cm Ø zeichnen und je 2 davon auf 1 Backblech legen.

2 Eier und Zucker 10 Minuten cremig schlagen, bis die Eimasse steife Spitzen bildet. Das Vanillearoma unterheben, dann das Mehl darüber sieben und unterheben.

3 Die Papierkreise je mit 1 Viertel der Mischung belegen und im vorgeheizten Backofen bei 200 °C 5–8 Minuten goldbraun backen.

4 Für die Füllung die Schokolade schmelzen und leicht abkühlen lassen. Butter, Milch und Puderzucker zu einer hellen, schaumigen Masse schlagen, die Schokolade einrühren.

5 Für den Karamell Zucker und Wasser unter ständigem Rühren aufkochen, bis der Zucker aufgelöst ist. Zu goldgelbem Sirup kochen, dann vom Herd nehmen und auf 1 Kuchenboden verteilen. Leicht abkühlen lassen. Mit einem eingefetteten Palettenmesser 8 Portionsstücke einzeichnen.

6 Das Papier von den Kuchenböden abziehen und die Böden rundschneiden. Auf eine Kuchenplatte mit der Füllung zu einer Torte aufschichten und mit dem Karamellboden bedecken. Mit der restlichen Füllung den Kuchenrand bestreichen und nach Belieben mit einer Gabel dekorative Muster einritzen oder mit dem Spritzbeutel Cremerosetten aufsetzen.

Schokokranz mit Aprikosen

Für 12 Personen

75 g Butter, gewürfelt

450 g Mehl, $4\frac{1}{2}$ TL Backpulver

50 g Zucker

2 Eier, verquirlt

150 ml Milch

25 g Butter, zerlassen

150 g getrocknete Aprikosen, gehackt

100 g Zartbitter-Schokolade, geraspelt

1–2 EL Milch, zum Einpinseln

25 g Zartbitter-Schokolade, geschmolzen

1 Eine Springform (26 cm Ø) einfetten und den Boden mit Backpapier auslegen.

2 Butter, das gesiebte Mehl und Backpulver mischen und verreiben, bis die Mischung bröselig ist. Dann mit Zucker, Eiern und Milch zu einem weichen Teig verarbeiten.

3 Den Teig auf einer leicht bemehlten Arbeitsfläche zu einem Quadrat von 35 cm Seitenlänge ausrollen.

4 Den Teig mit der zerlassenen Butter einpinseln. Aprikosen und Schokoladenraspel darauf verteilen. An den gegenüberliegenden Seiten einen 2,5 cm breiten Rand lassen.

5 Den Teig zu einer festen Rolle formen und in ca. 2,5 cm breite Scheiben schneiden. Die Scheiben in der Springform zu einem Kranz anordnen und mit etwas Milch bepinseln.

6 Im vorgeheizten Backofen bei 180 °C 30 Minuten backen. Den Kuchen 5 Minuten abkühlen lassen, dann aus der Form nehmen und auf ein Kuchengitter heben.

7 Vor dem Servieren mit etwas geschmolzener Zartbitter-Schokolade beträufeln.

4

5

Schwarz-weiße Schokotorte

Für 6 Personen

4 Eier
100 g Zucker
100 g Mehl
SCHOKOCREME
300 g Crème double
150 g Zartbitter-Schokolade, in kleine Stücke gebrochen
SCHOKOGLASUR
75 g weiße Schokolade
20 g Butter
1 EL Milch
50 g Puderzucker
Schokoladenspäne (s. S. 7)

1 Eine Springform (20 cm Ø) leicht einfetten und den Boden mit Backpapier auslegen. Eier und Zucker ca. 10 Minuten schlagen, bis die Eimasse steife Spitzen bildet.

2 Das Mehl in die Eimasse sieben und unterheben. Den Teig in der Springform im vorgeheizten Backofen bei 180 °C 35–40 Minuten backen, bis der Kuchen beim Andrücken leicht nachgibt. 5 Minuten abkühlen lassen, dann aus der Form nehmen und auf ein Kuchengitter heben. Abkühlen lassen.

3 Für die Schokoladencreme die Crème double in einem Topf unter Rühren zum Kochen bringen. Die Schokolade zugeben und gut verrühren, bis sie ganz geschmolzen ist, dann den Topf vom Herd nehmen und abkühlen lassen, dabei mit einem hölzernen Kochlöffel gelegentlich aufschlagen.

4 Kuchen quer durchschneiden, die Schokoladencreme auf 1 Kuchenboden streichen. Den zweiten darauf setzen.

5 Für die Glasur weiße Schokolade und Butter in einem Topf schmelzen und gut verrühren. Milch und Puderzucker zugeben. Die Mischung so lange rühren, bis sie abgekühlt ist. Den Kuchen mit der Glasur überziehen, mit den Schokoladenspänen dekorieren, fest werden lassen und servieren.

Bistvitny-Torte

Für 10 Personen

SCHOKODREIECKE

je 25 g Zartbitter- und weiße Schokolade, geschmolzen

TEIG

175 g Margarine

175 g Zucker

2–3 Tropfen Vanillearoma

3 Eier, leicht verquirlt

225 g Mehl

2 TL Backpulver

50 g Zartbitter-Schokolade

150 g Schlagsahne

SIRUP

125 g Zucker

6 EL Wasser

3 EL Weinbrand oder Sherry

1 Eine Kranzform leicht einfetten. Für die Schokoladendreiecke ein Backblech mit Backpapier auslegen, mit dem Löffel abwechselnd weiße und dunkle Schokolade darauf verteilen und vorsichtig zu einem Marmormuster verrühren, dann abkühlen lassen. Anschließend in Quadrate, diese wiederum in Dreiecke schneiden.

2 Für den Teig Margarine und Zucker zu einer hellen, schaumigen Masse schlagen. Das Vanillearoma zugeben. Unter ständigem Rühren die Eier zufügen. Mehl und Backpulver unterheben. Die Zartbitter-Schokolade schmelzen und mit 1 Hälfte des Teiges verrühren.

3 Den hellen und den dunklen Teig abwechselnd in die Backform löffeln und mit einem Holzstäbchen leicht marmorieren.

4 Im vorgeheizten Backofen bei 190 °C 30 Minuten backen. 5 Minuten abkühlen lassen, dann aus der Form nehmen und auf ein Kuchengitter stellen.

5 Für den Sirup Zucker und Wasser erhitzen, bis der Zucker aufgelöst ist. 1–2 Minuten kochen, dann vom Herd nehmen und Weinbrand oder Sherry zugießen. Leicht abkühlen lassen, dann über den Kuchen löffeln, bis dieser vollgesogen ist. Die Sahne steif schlagen. Den Kuchen mit Sahne und Schokoladendreiecken dekorieren.

1

3

5

Schoko-Mandel-Torte

Für 10 Personen

225 g Bitterschokolade, grob gehackt
3 EL Wasser
150 g brauner Zucker
175 g weiche Butter
30 g gemahlene Mandeln
3 EL Mehl
1 Msp. Backpulver
5 Eier, getrennt
100 g geschälte Mandeln, fein gehackt
Puderzucker
gemischte Früchte und Sahne, zum Servieren (nach Belieben)

TIPP

Für einen nussigeren Geschmack rösten Sie die gehackten Mandeln in einer trockenen Pfanne 2 Minuten bei mittlerer Hitze goldgelb.

1 Eine Springform (24 cm Ø) leicht einfetten.

2 Die Schokolade mit dem Wasser in einen Topf geben und bei sehr schwacher Hitze unter ständigem Rühren schmelzen. Den Zucker zugeben und weiterrühren, bis er aufgelöst ist. Dann den Topf vom Herd nehmen.

3 Die Butter in kleinen Portionen zugeben und in der noch warmen Schokolade schmelzen. Dann Mandeln, Mehl und Backpulver einrühren. Nach und nach das Eigelb zugeben und gründlich unterrühren.

4 Das Eiweiß steif schlagen und mit einem Metalllöffel vorsichtig unter die Schokoladenmasse heben. Die gehackten Mandeln einrühren. Dann die Masse in die vorbereitete Form geben und glatt streichen.

5 Den Teig bei 180 °C im vorgeheizten Backofen 40–45 Minuten backen, bis er aufgegangen und fest ist (der Teig platzt beim Backen oben auf).

6 Den fertigen Kuchen 30–40 Minuten in der Form abkühlen lassen, dann zum Auskühlen auf ein Kuchengitter stellen. Mit Puderzucker bestäuben, in Stücke schneiden und nach Belieben mit Sahne servieren.

Schoko-Dattel-Torte

Für 8 Personen

120 g Zartbitter-Schokolade, in Stücke gebrochen
1 EL Grenadine
1 EL heller Sirup
125 g Butter
60 g Zucker
2 große Eier
80 g Mehl
1 TL Backpulver
2 EL gemahlener Reis
1 EL Puderzucker zum Bestäuben

FÜLLUNG

120 g getrocknete Datteln, gehackt
1 EL Zitronensaft
1 EL Orangensaft
1 EL Farinzucker
25 g geschälte Mandeln, gehackt
2 EL Aprikosenkonfitüre

1 Zwei Springformen (18 cm Ø) einfetten und mit Mehl ausstreuen. Schokolade, Grenadine und Sirup im Wasserbad erwärmen und zu einer glatten Masse verrühren. Vom Herd nehmen und abkühlen lassen.

2 Butter und Zucker schaumig rühren. Nach und nach zuerst die Eier und dann die Schokoladenmasse unterrühren.

3 Mehl und Backpulver in eine saubere Schüssel sieben und den gemahlenen Reis unterrühren. Die Mehlmischung unter die Schokocreme heben und gut vermengen.

2

4 Den Teig in die beiden Springformen füllen und glatt streichen. Bei 180 °C im vorgeheizten Backofen 20–25 Minuten backen, bis die Oberfläche goldbraun ist und sich fest anfühlt. Auf 2 Kuchengitter stürzen und abkühlen lassen.

4

5 Füllung: Alle Zutaten in einem Topf bei schwacher Hitze 4–5 Minuten rühren, bis sie gut vermengt sind. Vom Herd nehmen und abkühlen lassen. Dann 1 Tortenhälfte mit der Füllung bestreichen, die andere darauf setzen und mit Puderzucker bestäuben.

5

Weiße Trüffeltorte

Für 12 Personen

2 Eier
50 g Zucker
50 g Mehl
50 g weiße Schokolade, geschmolzen

TRÜFFELBELAG
300 g Crème double
350 g weiße Schokolade, in Stücke gebrochen
250 g Quark
Zartbitter-, Vollmilch- oder weiße Schokoladenspäne (s. S. 7) und Kakaopulver, zum Dekorieren

1 Eine Springform (20 cm Ø) leicht einfetten.

2 Den Boden der Springform mit Backpapier auslegen. Eier und Zucker in einer großen Schüssel mit dem Handrührgerät ca. 10 Minuten schaumig schlagen. Das Mehl mit einem Metalllöffel unterrühren. Die weiße Schokolade einarbeiten. Den Teig in die Springform geben und im vorgeheizten Backofen bei 180 °C 25 Minuten backen. Auf einem Kuchengitter vollständig auskühlen lassen, dann wieder in die gesäuberte Springform geben.

3 Für den Belag die Crème double unter Rühren vorsichtig aufkochen. Etwas abkühlen lassen, die weiße Schokolade zufügen und unter

3

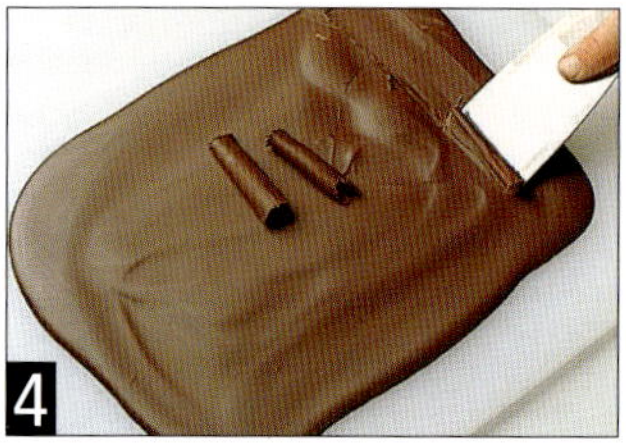

4

4

Rühren schmelzen. Vom Herd nehmen und unter Rühren abkühlen lassen. Den Quark einrühren. Die Mischung auf dem Kuchen verteilen und 2 Stunden kalt stellen.

4 Den Kuchen aus der Form nehmen. Die Torte mit den Schokospänen dekorieren und mit Kakaopulver bestäuben.

Schoko-Vanille-Kuchen

Für 10 Personen

175 g Zucker

175 g weiche Margarine

3 Tropfen Vanillearoma

3 Eier

225 g Mehl, 2½ TL Backpulver

50 g Zartbitter-Schokolade

Puderzucker, zum Bestäuben

TIPP

Der Kuchen hält sich bis zu 2 Monaten im Gefrierfach. Bei Zimmertemperatur auftauen.

1 Eine Kastenform leicht mit Margarine oder Butter einfetten.

2 Zucker und Margarine in einer Schüssel aufschlagen.

3 Das Vanillearoma zufügen. Nach und nach die Eier zugeben und gut verquirlen. Das gesiebte Mehl und Backpulver sorgfältig unterrühren.

4 Die Mischung halbieren. Die Zartbitter-Schokolade schmelzen und sorgfältig unter 1 Hälfte rühren.

5 Den hellen Teig in die Form füllen und die Oberfläche glatt streichen. Die Schokoladenmischung darauf schichten.

6 Im vorgeheizten Backofen bei 190 °C ca. 30 Minuten backen, bis der Kuchen beim Andrücken leicht nachgibt.

7 Fünf Minuten in der Form stehen lassen, dann auf einem Kuchengitter abkühlen lassen.

8 Den Kuchen mit Puderzucker bestäuben und servieren.

4

5

Kalter Hund

Für 8 Personen

225 g Butter, gewürfelt

225 g Zartbitter-Schokolade, in Stücke gebrochen

55 g Belegkirschen, gehackt

55 g Walnusskerne, gehackt

12 rechteckige Butterkekse

1 Eine 450-g-Kastenform mit Backpapier auskleiden und beiseite stellen.

2 Butter und Schokolade in eine hitzebeständige Schüssel geben und im Wasserbad unter Rühren schmelzen lassen, bis eine glatte Masse entstanden ist. Vom Herd nehmen und etwas abkühlen lassen.

3 Kirschen und Walnüsse in einer Schüssel vermengen. 1 Drittel der Schokoladenmasse in die Kastenform geben, mit 1 Lage Kekse bedecken und die Hälfte der Kirschen und Walnüsse darüber geben. So fortfahren und mit 1 Schicht Schokoladenmasse abschließen. Mit Frischhaltefolie abgedeckt mindestens 12 Stunden kühlen. Dann auf eine Kuchenplatte stürzen.

3

3

3

Gefüllter Schokoladenkuchen

Für 10 Personen

175 g Butter

175 g Zucker

4 Eier, leicht verquirlt

200 g Mehl

2 TL Backpulver

1 EL Kakaopulver

50 g Zartbitter-Schokolade, geschmolzen

GANACHE

450 g Crème double

375 g Zartbitter-Schokolade, in kleine Stücke gebrochen

200 g Kuvertüre, für den Belag

1 Eine Springform (20 cm Ø) einfetten und den Boden mit Backpapier auslegen. Butter und Zucker zu einer hellen, schaumigen Masse schlagen. Unter Rühren die Eier zugeben. Mehl, Back- und Kakaopulver darüber sieben und unterrühren, dann die Schokolade unterheben.

2 Den Teig in die Form füllen, glatt streichen und im vorgeheizten Backofen bei 180 °C 40 Minuten backen. 5 Minuten ruhen lassen, dann auf einem Kuchengitter abkühlen lassen und quer durchschneiden.

3 Für die Ganache die Crème double unter ständigem Rühren aufkochen, nach und nach die Schokolade zugeben und schmelzen. In eine Schüssel geben und unter Rühren abkühlen lassen.

4 Ein Drittel der Ganache beiseite stellen, den Rest zwischen die Kuchenschichten füllen und den Kuchen überziehen.

5 Die Kuvertüre schmelzen und auf einen Bogen Backpapier gießen. Abkühlen lassen, bis sie gerade fest geworden ist, dann daraus Streifen schneiden, die etwas breiter sind als der Kuchen hoch ist. Die Streifen rund um den Kuchen legen.

6 Die restliche Ganache in einen Spritzbeutel geben und den Kuchen damit nach Belieben dekorieren. Vor dem Servieren 1 Stunde in den Kühlschrank stellen.

Schoko-Trüffel-Torte

Für 12 Personen

75 g Butter
75 g Zucker
2 Eier, leicht verquirlt
75 g Mehl
1 TL Backpulver
25 g Kakaopulver
50 g gemahlene Mandeln

TRÜFFELBELAG
350 g Zartbitter-Schokolade
100 g Butter
300 g Crème double
75 g Biskuit, zerbröselt
3 EL Rum

DEKORATION
Physalis (Kapstachelbeeren)
50 g Zartbitter-Schokolade

1 Eine Springform (20 cm Ø) einfetten und den Boden mit Backpapier auslegen. Butter und Zucker zu einer hellen, schaumigen Masse schlagen. Unter Rühren die Eier zugeben.

2 Mehl, Backpulver und Kakaopulver darüber sieben, die gemahlenen Mandeln zugeben und gut unterheben. Den Teig in die Springform füllen und im vorgeheizten Backofen bei 180 °C 20–25 Minuten backen. 5 Minuten abkühlen lassen, aus der Form nehmen und auf ein Kuchengitter setzen. Die Springform spülen, abtrocknen und den Kuchen wieder hineinstellen.

3 Für den Belag die Schokolade in kleine Stücke brechen und mit Butter und Crème double in einem kleinen Topf schmelzen, dabei ständig rühren. Abkühlen lassen und 30 Minuten kalt stellen. Einmal kräftig durchrühren und weitere 30 Minuten kalt stellen. Die Mischung erneut rühren, Biskuitbrösel und Rum zugeben und gut verrühren. Auf den Biskuitboden geben und 3 Stunden in den Kühlschrank stellen.

4 Unterdessen die Physalis halb in die Schokolade tauchen und auf Backpapier fest werden lassen. Den Kuchen mit den Früchten garnieren.

2

3

4

Bûche de noël

Für 10 Personen

4 Eier
100 g Zucker
75 g Mehl
1 TL Backpulver
2 EL Kakaopulver

GLASUR
150 g Zartbitter-Schokolade
2 Eigelb
150 ml Milch
125 g Butter
50 g Puderzucker
2 EL Rum (nach Belieben)

DEKORATION
etwas weiße Glasur
Puderzucker
weihnachtliche Accessoires

1 Ein Backblech (30 cm x 23 cm) leicht einfetten und den Boden mit Backpapier auslegen.

2 Eier und Zucker mit dem Handrührgerät ca. 10 Minuten schaumig schlagen. Mehl, Backpulver und Kakaopulver darüber sieben und einrühren. Den Teig auf das Backblech geben und im vorgeheizten Backofen bei 200 °C 12 Minuten backen. Den Boden auf mit Zucker bestreutes Backpapier stürzen. Das Backpapier abziehen und die Kuchenkanten gerade schneiden. Von der kurzen Seite her mit dem Backpapier fest einrollen. Auf einem Kuchengitter vollständig abkühlen lassen.

3 Für die Glasur die Schokolade in Stücke brechen und im Wasserbad schmelzen. Eigelb und Milch einrühren und unter Rühren erhitzen, bis die Mischung so dick ist, dass sie an einem Löffel haften bleibt. Mit Backpapier abdecken und abkühlen lassen. Butter und Zucker schaumig schlagen. Nach Belieben den Rum einrühren.

4 Den Kuchen entrollen, mit 1 Drittel der Füllung bestreichen und ohne Papier erneut aufrollen. Mit der restlichen Creme bestreichen und mit einer Gabel ein Rindenmuster einziehen. Mit der weißen Glasur „Jahresringe" aufspritzen. Mit Puderzucker bestäuben und weihnachtlich dekorieren.

2

3

4

Schoko-Brotpudding

Für 4 Personen

6 dicke Scheiben Weißbrot ohne Kruste
450 ml Milch
175 g Kondensmilch
2 EL Kakaopulver
2 Eier
2 EL brauner Zucker
1 TL Vanillearoma
Puderzucker, zum Bestäuben

FUDGE-SAUCE
60 g Bitterschokolade, in Stücke gebrochen
1 EL Kakaopulver
2 EL heller Sirup
60 g Butter oder Margarine
25 g brauner Zucker
150 ml Milch
1 EL Maismehl

1 Eine flache, feuerfeste Form einfetten. Brot in Quadrate schneiden und in die Form schichten.

2 Milch, Kondensmilch und Kakaopulver in einen Topf geben und unter Rühren leicht erhitzen, bis die Mischung lauwarm ist.

2

3 Eier, Zucker und Vanilleessenz mischen. Die warme Milchmischung zugeben und gut verquirlen.

3

4 In die Form gießen. Darauf achten, dass das Brot vollständig bedeckt ist. Die Form mit Frischhaltefolie abdecken und 1–2 Stunden in den Kühlschrank stellen.

4

5 Den Pudding im vorgeheizten Backofen bei 180 °C ca. 35–40 Minuten backen. 5 Minuten abkühlen lassen.

6 Für die Sauce Schokolade, Kakaopulver, Sirup, Butter oder Margarine, Zucker, Milch und Maismehl in einen Topf geben. Bei geringer Hitze glatt rühren.

7 Puderzucker über den Pudding geben und mit der heißen Sauce servieren.

Schokoladen-Baum

Für 8 Personen

125 g Margarine
125 g Zucker
2 Eier
100 g Mehl, 1 TL Backpulver
25 g Kakaopulver
2 EL Milch

SCHOKOLADENCREME
75 g weiße Schokolade
2 EL Milch
150 g Butter
125 g Puderzucker
2 EL Orangenlikör, z. B. Grand Marnier
Schokoladenspäne (s. S. 7)

1 Zwei leere 400-g-Konservendosen leicht einfetten und mit Backpapier auskleiden.

2 Margarine und Zucker zu einer hellen, schaumigen Masse schlagen. Unter ständigem Rühren nach und nach die Eier zugeben. Mehl, Backpulver und Kakaopulver darüber sieben und unterheben, dann die Milch einrühren.

3 Den Teig auf die 2 Dosen verteilen, diese auf ein Backblech stellen und im vorgeheizten Backofen bei 180 °C 40 Minuten backen, bis der Kuchen beim Andrücken leicht nachgibt. 5 Minuten abkühlen lassen, dann auf ein Kuchengitter stürzen.

4 Für die Schokoladencreme die Schokolade unter ständigem Rühren mit der Milch in einem Topf erhitzen und schmelzen. Abkühlen lassen. Butter und Puderzucker schaumig schlagen, Orangenlikör zugießen und die Schokoladenmischung einrühren.

5 Die beiden Kuchenrollen der Länge nach in 1 cm dicke Scheiben schneiden und mit der Buttercreme als Füllung wieder zusammenfügen.

1

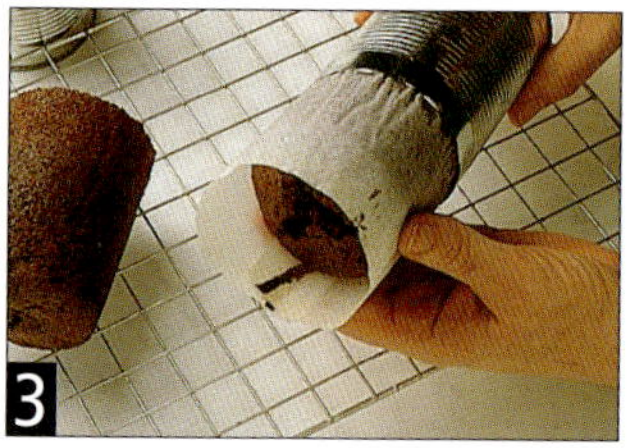

3

6 Auf einer Servierplatte anrichten, mit der restlichen Creme überziehen und mit den Schokoladenspänen dekorieren. In diagonale Scheiben schneiden und servieren.

Aprikosenschnitten mit Schokolade

Für 12 Schnitten

125 g Butter

175 g weiße Schokolade, gehackt

4 Eier

125 g Zucker

200 g Mehl, gesiebt

1 TL Backpulver

1 Prise Salz

100 g getrocknete Aprikosen, gehackt

1 Eine 20-cm-Kuchenform leicht einfetten und mit Backpapier auslegen.

2

2 Butter und Schokolade im heißen Wasserbad schmelzen. Dabei gelegentlich mit einem Holzlöffel umrühren, bis die Mischung glatt ist und glänzt. Anschließend vom Herd nehmen und etwas abkühlen lassen.

3 Eier und Zucker zugeben und gut mit der Schokoladenmischung verquirlen.

3

4

4 Mehl, Backpulver, Salz und Aprikosen unterrühren.

5 Den fertigen Teig in die Backform geben und bei 180 °C im vorgeheizten Backofen 25–30 Minuten backen.

6 Wenn der Teig innen noch nicht ganz fest ist, wird er sich beim Abkühlen in der Form noch setzen.

7 Den abgekühlten Kuchen aus der Form nehmen und in quadratische oder rechteckige Stücke schneiden.

Warme Desserts

Schokolade sorgt immer für äußerst angenehme Empfindungen – und das ganz besonders, wenn sie in Form warmer Nachspeisen serviert wird. Wer könnte schon einem dampfend heißen Schokocreme-Pudding oder einem heißen Schokoladen-Soufflé widerstehen? Insbesondere Kinder lieben schokoladige Abwandlungen vertrauter Lieblingsspeisen wie den leckeren Brotpudding. Und das ist nicht der einzige Klassiker in diesem Kapitel, der durch Zugabe von Schokolade absolut unwiderstehlich wird.

Und wer sich gern an etwas ausgefalleneren Rezepten versucht, kann seine Gäste mit warmen Schokoschlemmereien wie Apfel-Schoko-Pfannkuchen, Schoko-Birnen-Tarte oder einer edlen Schoko-Zabaglione überraschen.

Minipuddings mit Ingwer

Für 4 Personen

100 g weiche Margarine
100 g Mehl, gesiebt
1 TL Backpulver
100 g Zucker
2 Eier
25 g Kakaopulver, gesiebt
25 g Zartbitter-Schokolade
50 g frischer Ingwer

SCHOKOSAUCE
2 Eigelb
1 EL Zucker
1 TL Speisestärke
300 ml Milch
100 g Zartbitter-Schokolade, in kleinen Stücken
Puderzucker, zum Bestäuben

1 Vier kleine Puddingformen leicht einfetten. Margarine, Mehl, Backpulver, Zucker, Eier und Kakaopulver mit dem Handrührgerät zu einem glatten Teig verarbeiten. Schokolade und Ingwer hacken und einrühren.

2 Den Teig in die Förmchen füllen und glatt streichen. Er sollte die Formen etwa zu 3 Vierteln füllen. Die Oberfläche mit passend zugeschnittenem Backpapier und die Förmchen mit doppelt gefalteter Alufolie abdecken. 45 Minuten im Wasserbad dämpfen, bis die Puddings gar sind und beim Andrücken leicht nachgeben.

3 Unterdessen die Sauce zubereiten. Eigelb, Zucker und Speisestärke in einem Topf zu einer glatten Paste verrühren. Die Milch aufkochen. Dann zur Eimischung gießen. Bei schwacher Hitze so lange rühren, bis die Sauce eingedickt ist. Vom Herd nehmen und die Schokolade einrühren, bis sie sich ganz aufgelöst hat.

4 Die Puddingförmchen aus dem Dampfbad nehmen, den oberen Rand mit einem Messer lösen und die Puddings auf einzelne Teller stürzen. Mit Puderzucker bestäuben, mit etwas Sauce übergießen und servieren.

Schokoladenkönigin

Für 4 Personen

50 g Zartbitter-Schokolade
450 ml fertige Trinkschokolade
100 g frische Semmelbrösel
125 g Zucker
2 Eier, getrennt
4 EL Kirschkonfitüre

VARIATION

Lassen Sie die Konfitüre weg und mischen Sie 40 g Kokosraspel unter die Semmelbrösel.

1 Die Schokolade in kleine Stücke brechen, in einen Topf geben und bei schwacher Hitze in der Trinkschokolade auflösen. Erhitzen und vom Herd nehmen.

2 Die Semmelbrösel mit 25 g Zucker in eine Schüssel geben, die Schokoladenmischung zugießen und verrühren. Das Eigelb zugeben und ebenfalls unterrühren.

3 Den Teig in eine 1-l-Auflaufform geben und im vorgeheizten Backofen bei 180 °C 25–30 Minuten backen, bis der Pudding gar ist und beim Andrücken leicht nachgibt.

4 Das Eiweiß in einer Schüssel steif schlagen, dann unter Rühren den restlichen Zucker zugeben, bis der Eischnee steif und glänzend ist.

5 Die Kirschkonfitüre auf den Pudding streichen und den Eischnee darüber spritzen oder löffeln. Weitere 15 Minuten in den Backofen schieben, bis die Baiserschicht knusprig und leicht gebräunt ist.

Fruchtauflauf mit Schokosauce

Für 4 Personen

225 g frische Himbeeren
2 Äpfel, geschält, entkernt und in dicken Scheiben
4 EL Himbeergelee
2 EL Portwein (nach Belieben)

TEIG
50 g weiche Margarine
50 g Zucker
75 g Mehl, gesiebt
1 TL Backpulver
50 g geriebene weiße Schokolade
1 Ei
2 EL Milch

SCHOKOSAUCE
90 g Zartbitter-Schokolade
150 g Schagsahne

VARIATION

Dunkle Schokolade unter den Teig mischen und den Auflauf mit in Marillenwasser eingelegten Aprikosenhälften belegen.

1 Himbeeren und Äpfel in eine flache feuerfeste Form geben.

2 Himbeergelee und Portwein nach Belieben in einem kleinen Topf vorsichtig erhitzen, bis das Gelee geschmolzen und mit dem Portwein verbunden ist. Die Mischung über die Früchte gießen.

3 Alle Zutaten für den Teig in einer großen Rührschüssel zu einer glatten Masse verrühren.

4 Den Teig über die Früchte löffeln und glatt streichen. Im vorgeheizten Backofen bei 180 °C 40–45 Minuten backen, bis der Teig beim Andrücken leicht nachgibt.

2

3

4

5 Für die Schokoladensauce die Schokolade in kleine Stücke brechen, mit der Sahne in einem Topf vorsichtig erhitzen und zu einer glatten Sauce verrühren. Die Sauce noch warm zum Auflauf servieren.

Brotpudding

Für 4 Personen

225 g Brioche oder anderes Weißbrot
15 g Butter
50 g geraspelte Zartbitter-Schokolade
1 Ei
2 Eigelb
50 g Zucker
400 ml Kondensmilch

1 Die Brioche in dünne Scheiben schneiden und eine Seite dünn mit Butter bestreichen.

2 Den Boden einer flachen Auflaufform mit Brioche-Scheiben auslegen (Butterseite nach unten). Ein paar Schokoladenraspel darüber streuen.

3 Abwechselnd Brioche und Schokoladenraspel aufschichten, mit Brioche abschließen.

TIPP

Dieses Dessert kann einige Stunden vorher zubereitet und dann bei Bedarf gebacken werden. Sie können es auch kalt servieren.

4 Ei, Eigelb und Zucker schaumig schlagen. Die Milch erhitzen, bis sie gerade zu köcheln beginnt, dann nach und nach in die Eimischung gießen, dabei ständig rühren.

5 Die Sauce über die Brioche gießen und 5 Minuten einziehen lassen. Die Brioche gut andrücken.

6 Die Auflaufform in einen zur Hälfte mit Wasser gefüllten Bräter stellen (diese Garmethode wird Bain-Marie genannt). Im vorgeheizten Backofen bei 180 °C 30 Minuten garen, bis der Auflauf fest geworden ist. 5 Minuten abkühlen lassen.

2

4

6

Knusperauflauf mit Früchten

Für 4 Personen

400 g Aprikosen aus der Dose, im eigenen Saft

450 g Kochäpfel, geschält und in dicken Scheiben

100 g Mehl

80 g Butter

50 g Haferflocken

50 g Zucker

100 g geraspelte Schokolade

VARIATION

Auch andere Früchte schmecken hervorragend dazu, z. B. frische Pfirsiche mit Himbeeren. Falls Sie nur frische Früchte verwenden, geben Sie 4 Esslöffel Orangensaft zu.

1 Eine feuerfeste Form mit etwas Butter oder Margarine einpinseln.

2 Die Aprikosen abgießen, dabei 4 Esslöffel Saft auffangen. Äpfel, Aprikosen und -saft in die Form füllen und gut vermengen.

3 Das Mehl in eine Schüssel sieben. Die Butter in kleine Würfel schneiden und mit den Fingern einarbeiten, bis die Mischung krümelig ist. Haferflocken, Zucker und Schokoladenraspel unterrühren.

4 Die Mischung über die Früchte geben und etwas glatt streichen, dabei nicht drücken.

5 Im vorgeheizten Backofen bei 180 °C 40–45 Minuten backen, bis die Oberfläche goldbraun ist. Heiß oder kalt servieren.

Schoko-Bananen-Crêpes

Für 4 Personen

3 große Bananen
6 EL Orangensaft
geriebene Schale von 1 Orange
2 EL Orangen- oder Bananenlikör

HEISSE SCHOKOSAUCE
1 EL Kakaopulver
2 TL Speisestärke
3 EL Milch
40 g Zartbitter-Schokolade
20 g Butter
175 ml heller Sirup
2 Tropfen Vanillearoma

CRÊPES
100 g Mehl
1 TL Kakaopulver
1 Ei
1 TL Sonnenblumenöl
300 ml Milch
Öl, zum Ausbacken

1 Die Bananen schälen und in Scheiben schneiden, mit Orangensaft und -schale sowie Likör in eine Schüssel geben und beiseite stellen.

2 Kakaopulver und Speisestärke mischen, die Milch zugießen und einrühren. Die Schokolade in kleine Stücke brechen und mit Butter und Sirup in einem kleinen Topf zum Schmelzen bringen, gut verrühren. Die Kakaomischung zugießen und unter Rühren bei schwacher Hitze aufkochen und 1 Minute köcheln. Vom Herd nehmen und das Vanillearoma zugeben.

3 Für die Crêpes Mehl und Kakaopulver in eine Schüssel sieben und in die Mitte eine Vertiefung drücken. Ei und Sonnenblumenöl in die Mulde gießen. Nach und nach die Milch einrühren, bis ein glatter Teig entsteht. Das Öl in einer Pfanne erhitzen, etwas Teig zugeben und die Pfanne schwenken, bis der Teig den Boden ganz bedeckt. Bei mittlerer Hitze backen, bis die Unterseite leicht gebräunt ist, dann wenden und auf der anderen Seite goldbraun backen. Warm stellen, bis alle Crêpes gebacken sind.

4 Zum Servieren die Schokoladensauce erwärmen, die Pfannkuchen mit den Bananenscheiben füllen und zu Dreiecken falten. Mit etwas Sauce übergießen und servieren.

Pochierte Birne mit Schokocreme

Für 6 Personen

6 feste reife Birnen
100 g Zucker
2 Zimtstangen
Schale von 1 Orange
2 Gewürznelken
1 Flasche Roséwein

CREME
175 g Zartbitter-Schokolade
250 g Mascarpone
2 EL Orangenlikör

TIPP

Die Kochflüssigkeit können Sie weiter verwenden: In einem sauberen Topf 10 Minuten zu Sirup einkochen. Damit können Sie z. B. frischen Obstsalat süßen.

1 Die Birnen schälen, die Stängel aber nicht entfernen.

2 Zucker, Zimtstangen, Orangenschale, Gewürznelken und Wein in einen großen Topf geben.

3 Vorsichtig erhitzen, bis der Zucker aufgelöst ist. Die Birnen aufrecht in die Flüssigkeit stellen und zum Köcheln bringen. Den Deckel auflegen und 20 Minuten köcheln lassen. Um die Birnen kalt zu servieren, in der Flüssigkeit abkühlen lassen, dann bis zum Verzehr kalt stellen. Um sie warm zu servieren, so lange im Topf lassen, bis die Creme fertig ist.

4 Die Schokolade schmelzen. Mascarpone und Likör verrühren. Die Käsemischung sorgfältig mit der Schokolade verrühren.

5 Die Birnen aus dem Topf nehmen und auf einzelne Teller stellen. Die Creme großzügig an einer Seite anrichten, den Rest separat dazu reichen.

1

2

3

Schoko-Birnen-Tarte

2

3

3

Für 6 Personen

100 g Mehl
25 g gemahlene Mandeln
60 g Margarine
3 EL Wasser

FÜLLUNG

400 g Birnenhälften aus der Dose, im eigenen Saft
50 g Butter
50 g Zucker
2 Eier, verquirlt
100 g gemahlene Mandeln
2 EL Kakaopulver
3 Tropfen Bittermandelaroma
Puderzucker, zum Bestäuben

SCHOKOSAUCE

50 g Zucker
3 EL heller Sirup
100 ml Wasser
175 g Zartbitter-Schokolade, in Stücke gebrochen
25 g Butter

1 Eine Tarte-Form leicht einfetten. Das Mehl in eine Schüssel sieben und die Mandeln unterrühren. Die Margarine mit den Fingern einarbeiten, bis die Mischung krümelig ist. So viel Wasser unterrühren, bis ein weicher Teig entsteht. Abdecken und 10 Minuten ins Tiefkühlfach stellen. Den Teig flach ausrollen und die Form mit ihm auskleiden. Den Boden einstechen und kalt stellen.

2 Die Birnen abgießen. Butter und Zucker schaumig schlagen. Die Eier unterrühren. Mandeln, Kakao und Bittermandelaroma zufügen. Die Mischung auf dem Tarteboden verteilen. Die Birnen darauf legen und leicht hineindrücken. Im vorgeheizten Backofen bei 200 °C 30 Minuten backen, bis die Füllung aufgegangen ist. Abkühlen lassen, dann mit Puderzucker bestäuben.

3 Zucker, Sirup und Wasser vorsichtig erhitzen, dabei den Zucker unter Rühren auflösen. 1 Minute köcheln. Vom Herd nehmen, Schokolade und Butter zufügen und unter Rühren schmelzen. Zur Tarte servieren.

Apple Pie mit Schokoblättern

Für 6 Personen

SCHOKO-MÜRBETEIG
4 EL Kakaopulver
200 g Mehl
100 g weiche Butter
50 g Zucker
2 Eigelb
5 Tropfen Vanillearoma
kaltes Wasser, nach Bedarf
FÜLLUNG
750 g Kochäpfel
25 g Butter
½ TL gemahlener Zimt
50 g geraspelte Zartbitter-Schokolade
Eiweiß, verquirlt
½ TL Zucker
Vanilleeis oder Schlagsahne, zum Servieren

1 Kakaopulver und Mehl in eine Schüssel sieben. Die Butter in Flöckchen zugeben und mit den Fingern verreiben, bis die Masse krümelig ist. Den Zucker einrühren. Eigelb, Vanillearoma und genügend Wasser zufügen, um einen glatten Teig zu erhalten.

2 Den Teig auf einer leicht bemehlten Arbeitsfläche ausrollen und eine Spring- oder Auflaufform (20 cm Ø) damit auslegen. 30 Minuten in den Kühlschrank stellen. Den restlichen Teig ausrollen und Blattverzierungen ausschneiden.

3 Die Äpfel schälen, entkernen und in dicke Spalten schneiden. Die Hälfte der Äpfel mit Butter und Zimt in einem Topf bei schwacher Hitze weich kochen, dabei gelegentlich umrühren.

4 Die restlichen Apfelspalten zugeben, die Mischung leicht abkühlen lassen, dann die Schokoladenraspel einrühren. Den Teigboden mit der Gabel einstechen, die Apfelmischung darüber geben. Obenauf die Teigverzierungen arrangieren, mit etwas geschlagenem Eiweiß bestreichen und mit Zucker bestreuen.

5 Im vorgeheizten Backofen bei 180 °C 35 Minuten knusprig backen. Warm oder kalt mit Eis oder Schlagsahne servieren.

Schokocreme-Pudding

Für 6 Personen

150 g weiche Margarine
150 g Mehl
1½ TL Backpulver
150 ml heller Sirup
3 Eier
25 g Kakaopulver
FUDGE-SAUCE
100 g Zartbitter-Schokolade
125 ml Kondensmilch
4 EL Crème double

1 Eine Puddingform (1,2 l) leicht einfetten.

2 Die Zutaten für den Pudding zu einem glatten Teig verarbeiten.

3 Den Teig in die Form geben, glatt streichen und mit einem passend zugeschnittenen Stück Backpapier bedecken. Ein Stück gefaltete Alufolie über die Puddingform legen und festbinden. 1½–2 Stunden im Wasserbad dämpfen, bis der Pudding fest ist und beim Andrücken nachgibt.

3

4 Für die Sauce die Schokolade in kleine Stücke brechen und in einem Topf bei schwacher Hitze in der Kondensmilch auflösen.

5 Vom Herd nehmen und die Crème double einrühren.

5

6 Den Pudding auf einen Servierteller stürzen, mit etwas heißer Sauce übergießen und servieren. Den Rest der Sauce separat dazu reichen.

Schoko-Baiser-Torte

Für 6 Personen

225 g Vollkornkekse
50 g Butter
FÜLLUNG
3 Eigelb
50 g Zucker
4 EL Speisestärke
600 ml Milch
100 g Zartbitter-Schokolade, geschmolzen
BAISER
2 Eiweiß
100 g Zucker
3 Tropfen Vanillearoma

1 Die Kekse in einem Gefrierbeutel mit einem Nudelholz zerbröseln. Die Butter zerlassen und in einer Schüssel mit den Bröseln zu einem Teig vermengen. Den Boden und die Seiten einer Auflaufform (26 cm Ø) mit dem Teig auskleiden und gut andrücken.

1

2 Für die Füllung Eigelb, Zucker und Speisestärke in der Küchenmaschine zu einer glatten Masse verarbeiten, eventuell etwas Milch zufügen. Die Milch bis kurz vor den Siedepunkt erhitzen und zur Eimischung gießen, gut verrühren.

2

3 Die Mischung in den Topf gießen und unter ständigem Rühren leicht erhitzen, bis die Sauce eingedickt ist. Vom Herd nehmen und die geschmolzene Schokolade einrühren, dann auf dem Keksboden verteilen.

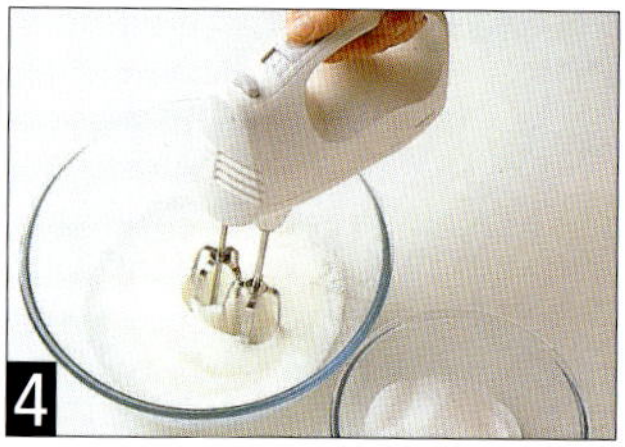
4

4 Für das Baiser das Eiweiß steif schlagen, bis der Eischnee steife Spitzen bildet. Nach und nach 2 Drittel des Zuckers einrühren, bis der Eischnee steif und glänzend ist, dann den restlichen Zucker und das Vanillearoma unterheben.

5 Die Baisermasse vorsichtig auf der Torte verteilen, dabei mit dem Löffelrücken dekorative Spitzen ziehen. Auf der mittleren Schiene im vorgeheizten Backofen bei 170 °C 30 Minuten backen, bis das Baiser goldgelb ist. Noch warm servieren.

Apfel-Schoko-Pfannkuchen

Für 4 Personen

225 g Mehl
1½ TL Backpulver
50 g Zucker
1 Ei
20 g Butter, zerlassen
300 ml Milch
1 Apfel
50 g geraspelte Zartbitter-Schokolade
heiße Schokoladensauce (s. S. 82) oder Ahornsirup, zum Servieren

TIPP

Die Pfannkuchen bleiben besser warm, wenn Sie sie aufeinander stapeln. Legen Sie jeweils etwas Backpapier dazwischen, damit sie nicht verkleben.

1 Mehl und Backpulver in eine Schüssel sieben. Den Zucker unterrühren. Eine Mulde in die Mitte drücken. Ei und Butter hineingießen. Nach und nach die Milch einrühren, bis ein glatter Teig entsteht.

2 Den Apfel schälen, entkernen, reiben und mit den Schokoladenraspeln unter den Teig mischen.

3 Eine Pfanne bei mittlerer Hitze erwärmen und leicht einfetten. Für jeden Pfannkuchen 2 Esslöffel Teig in die Pfanne geben und zu einem Kreis formen.

4 Die Pfannkuchen einige Minuten backen, bis sich auf der Oberfläche Blasen bilden. Wenden und 1 weitere Minute backen. Aus der Pfanne nehmen und warm halten. Den Vorgang mit dem restlichen Teig wiederholen. Es sollten etwa 12 Pfannkuchen entstehen.

5 Jeweils 2 oder 3 Pfannkuchen auf einem Teller stapeln und mit heißer Schokoladensauce oder Ahornsirup servieren.

Schokoladenfondue

Für 4 Personen

225 g Zartbitter-Schokolade
200 g Crème double
2 EL Weinbrand
eine Auswahl von Früchten sowie süße Kekse und Plätzchen, dazu weiße und rosafarbene Marshmallows, zum Servieren

1 Die Schokolade in kleine Stücke brechen und mit der Crème double in einen Topf geben.

2 Die Mischung vorsichtig erhitzen, dabei ständig rühren, bis die Schokolade geschmolzen und mit der Crème double verbunden ist.

3 Vom Herd nehmen und den Weinbrand einrühren.

4 Die Sauce in einen Topf gießen und warm halten, am besten über einem kleinen Brenner.

5 Mit Früchten, Marshmallows und Keksen zum Dippen servieren.

TIPP

Größere Früchte in mundgerechte Stücke schneiden. Obst, das sich verfärbt, wie Bananen, Äpfel oder Birnen, nach dem Schneiden sofort in Zitronensaft tauchen.

Schokoravioli

Für 4 Personen

175 g Mehl
4 EL Kakaopulver
2 EL Puderzucker
3 Eier, geschlagen, davon 1 zum Bestreichen
1 EL Pflanzenöl

FÜLLUNG
175 g weiße Schokolade, in Stücke gebrochen
225 g Mascarpone
1 Ei
1 EL fein gehackte Ingwerpflaume
frische Minzezweige, zum Dekorieren
Crème double, zum Servieren

1 Mehl, Kakao und Zucker zusammen auf eine saubere Arbeitsplatte sieben. Eine Mulde in die Mitte drücken, 2 Eier und das Öl hineingeben. Mehlmischung nach und nach mit den Fingerspitzen einarbeiten (oder die Zutaten in einer Küchenmaschine zu einem Teig verarbeiten). Den Teig kneten, bis er glatt und geschmeidig ist, dann in Frischhaltefolie gewickelt 30 Minuten in den Kühlschrank legen.

2 In der Zwischenzeit die Füllung vorbereiten: Weiße Schokolade im Wasserbad unter Rühren erwärmen, bis sie vollständig geschmolzen ist. Vom Herd nehmen, etwas abkühlen lassen, dann Mascarpone und Ei unterrühren. Die gehackte Ingwerpflaume untermengen.

2

3 Teig aus dem Kühlschrank nehmen, halbieren, zunächst 1 Hälfte auf einer leicht bemehlten Arbeitsplatte zu einem Rechteck ausrollen, dann mit einem sauberen, feuchten Küchentuch abdecken. Die andere Hälfte ebenfalls zu einem Rechteck ausrollen. Die Füllung in einen Spritzbeutel füllen und kleine Portionen in gleichmäßigen Reihen mit etwa 4 cm Abstand auf 1 Teigstück verteilen. Die Zwischenräume zwischen den Portionen mit verquirltem Ei bestreichen. Das zweite Teigstück mit einem Nudelholz anheben und exakt auf das erste legen. Den Teig zwischen den Füllungsportionen mit den Fingern fest andrücken, dann mit einem gezahnten Teigrädchen oder einem scharfen Messer rund um die Füllungsportionen in Ravioli schneiden. Die Ravioli auf ein mit Mehl bestäubtes Küchentuch legen und 30 Minuten ruhen lassen.

3

4 Wasser in einem großen Topf zum Kochen bringen, Hitze auf mittlere Stufe reduzieren und die Ravioli portionsweise unter Rühren (damit sie nicht aneinander kleben) in je 4–5 Minuten bissfest garen. Mit einem Schaumlöffel herausnehmen und sofort auf Portionstellern mit Minze garniert servieren. Die Crème double separat dazu reichen.

Cremiger Schokoauflauf

Für 4 Personen

300 ml Milch
75 g Zartbitter-Schokolade
2–3 Tropfen Vanillearoma
100 g Zucker
100 g Butter
150 g Mehl
1½ TL Backpulver
2 EL Kakaopulver
Puderzucker, zum Bestäuben
SCHOKOLADEN-SAUCE
3 EL Kakaopulver
50 g brauner Zucker
300 ml kochendes Wasser

1 Eine Auflaufform (850 ml) leicht mit Fett einpinseln.

2 Die Milch in einen kleinen Topf gießen. Die Schokolade in Stücke brechen und zugeben. Unter Rühren vorsichtig schmelzen. Leicht abkühlen lassen. Das Vanillearoma zufügen.

3 Zucker und Butter schaumig schlagen. Mehl, Backpulver und Kakao sieben, zu der Schokoladenmilch geben und mit einem Handrührgerät zu einem glatten Teig verarbeiten. Den Teig in die Form füllen.

4 Für die Schokoladensauce Kakao und Zucker mischen. Etwas Wasser zufügen und zu einer glatten Paste verrühren, dann das restliche Wasser einrühren. Die Sauce über den Teig gießen, aber nicht verrühren.

5 Den Auflauf im vorgeheizten Backofen bei 180 °C 40 Minuten backen, bis die Oberfläche trocken ist und beim Andrücken leicht nachgibt. 5 Minuten in der Form ruhen lassen und vor dem Servieren mit Puderzucker bestäuben.

Nusskranz mit Schokocreme

Für 6 Personen

SCHOKOCREME

40 g Butter

40 g brauner Zucker

4 EL heller Sirup

2 EL Milch

1 EL Kakaopulver

40 g Zartbitter-Schokolade

50 g Pecannüsse, fein gehackt

TEIG

100 g weiche Margarine

100 g brauner Zucker

125 g Mehl

1½ TL Backpulver

2 Eier

2 EL Milch

1 EL heller Sirup

1 Eine Kranzform (20 cm Ø) leicht einfetten.

2 Für die Creme Butter, Zucker, Sirup, Milch und Kakaopulver unter Rühren in einem Topf erhitzen, bis alle Zutaten gut vermischt sind.

3 Die Schokolade in Stücke brechen und in der Mischung schmelzen, dann die Nüsse zugeben. In die Form gießen und abkühlen lassen.

4 Für den Teig alle Zutaten in einer Küchenmaschine zu einer glatten Masse verarbeiten. Den Teig auf die Schokoladencreme in die Form geben.

5 Im vorgeheizten Backofen bei 180 °C 35 Minuten backen, bis der Kuchen beim Andrücken leicht nachgibt.

6 Den Kuchen 5 Minuten abkühlen lassen, dann vorsichtig auf eine Servierplatte stürzen.

Heißes Schokoladen-Soufflé

Für 4 Personen

100 g Zartbitter-Schokolade
300 ml Milch
25 g Butter
4 große Eier, getrennt
1 EL Speisestärke
50 g Zucker
2–3 Tropfen Vanillearoma
100 g geraspelte Zartbitter-Schokolade
Puderzucker, zum Bestäuben

SCHOKOCREME
2 EL Speisestärke
1 EL Zucker
450 ml Milch
50 g Zartbitter-Schokolade

1 Eine Soufflé-Form (850 ml) einfetten und mit Zucker ausstreuen. Die Schokolade in Stücke brechen.

2 Milch und Butter in einem Topf zum Köcheln bringen. Eigelb, Speisestärke und Zucker mischen und etwas heiße Milch zugießen. Kräftig schlagen. In den Topf mit der Milch gießen und unter Rühren eindicken lassen. Die Schokolade zufügen und schmelzen. Vom Herd nehmen und das Vanillearoma unterrühren.

3 Das Eiweiß zu Schnee schlagen. Die Hälfte unter die Schokoladenmischung heben. Die andere Hälfte mit den Schokoladenraspeln mischen und ebenfalls unterheben. In die Form füllen und im vorgeheizten Backofen bei 180 °C 40–45 Minuten backen, bis das Soufflé aufgegangen ist.

4 Unterdessen für die Creme Speisestärke und Zucker in eine kleine Schüssel geben und mit etwas Milch zu einer glatten Paste verrühren. Die restliche Milch zum Köcheln bringen. Etwas heiße Milch mit der Paste verrühren und wieder in den Topf gießen. Unter Rühren köcheln, bis die Mischung eingedickt ist. Die Schokolade in Stücke brechen, zugeben und unter dauerndem Rühren schmelzen.

5 Das Soufflé mit Puderzucker bestäuben und sofort servieren. Die Schokoladencreme dazu reichen.

1

2

3

Schoko-Fudge-Pudding

Für 4 Personen

50 g Margarine, plus etwas mehr, zum Einfetten
75 g brauner Zucker
2 Eier, verquirlt
350 ml Milch
50 g Walnusskerne, gehackt
40 g Mehl
2 EL Kakaopulver
Puderzucker und Kakaopulver, zum Bestäuben

1 Eine feuerfeste 1-Liter-Form leicht einfetten.

2 Margarine und Zucker in einer großen Rührschüssel schaumig schlagen. Eier zugeben.

2

3 Nach und nach Milch einrühren und Walnüsse unterrühren.

3

4 Mehl und Kakaopulver in die Mischung sieben und vorsichtig mit einem Metalllöffel unterheben, bis alles gut vermischt ist.

4

5 Die Mischung in die Form geben und im vorgeheizten Backofen bei 180 °C 35–40 Minuten backen, bis der Teig fest ist.

6 Mit Zucker und Kakaopulver bestäuben und servieren.

Schoko-Zabaglione

Für 4 Personen

4 Eigelb

50 g Zucker

50 g Zartbitter-Schokolade

125 ml Marsala

Kakaopulver, zum Bestäuben

TIPP

Wenn die Creme zu heiß wird und zu gerinnen beginnt, können Sie sie eventuell retten, wenn Sie sie sofort aus dem Wasserbad nehmen und die Schüssel in kaltes Wasser stellen. Schlagen Sie kräftig, bis die Zabaglione wieder cremig geworden ist.

1 In einer großen Schüssel Eigelb und Zucker mit dem Handrührgerät zu einer sehr schaumigen Masse verarbeiten.

2 Die Schokolade reiben und unter den Eischaum heben.

3 Den Marsala vorsichtig unterrühren.

4 Die Schüssel über einen Topf mit leicht kochendem Wasser stellen, die Mischung dabei behutsam schlagen, bis sie eingedickt ist. Sie darf nicht kochen, da sie sonst gerinnt.

5 Die heiße Zabaglione in vorgewärmte Dessertschalen füllen und mit etwas Kakao bestäuben. Sofort servieren.

1

3

4

Gedämpftes Kaffeebiskuit

Für 4 Personen

25 g Margarine
2 EL brauner Zucker
2 Eier
50 g Mehl
$^3/_4$ TL Backpulver
6 EL Milch
1 TL Kaffeearoma
SAUCE
300 ml Milch
1 EL brauner Zucker
1 TL Kakaopulver
2 EL Maismehl
4 EL kaltes Wasser

1

2

1 Eine feuerfeste Puddingform (600 ml) leicht einfetten. Margarine und Zucker schaumig schlagen und die Eier hinzugeben.

2 Nach und nach Mehl und Backpulver einrühren. Dann Milch und Kaffeearoma zugeben und zu einem glatten Teig vermengen.

3 In die Puddingform geben und mit Backpapier und dann mit Alufolie abdecken. Backpapier und Folie mit einem Band um den Rand befestigen. In einen großen Topf stellen und diesen halb mit kochendem Wasser füllen. Abdecken und $1–1^1/_4$ Stunden dämpfen, bis der Pudding fest ist.

4 Für die Sauce Milch, braunen Zucker und Kakaopulver in einem Topf unter ständigem Rühren erhitzen, bis sich der Zucker auflöst. Maismehl mit 4 Esslöffeln kaltem Wasser glatt rühren und in den Topf geben. Unter ständigem Rühren zum Kochen bringen, bis die Masse eindickt. Bei schwacher Hitze 1 Minute kochen.

5 Pudding auf einen vorgewärmten Servierteller stürzen und die Sauce darüber geben. Sofort servieren.

TIPP

Der Teig wird mit Backpapier und Alufolie abgedeckt, damit er aufgehen kann. Da die Folie mit dem Dampf reagiert, darf sie keinen direkten Kontakt mit dem Teig haben.

Schokopudding mit Rum

Für 4 Personen

60 g Butter

175 g Mehl, 2 TL Backpulver

60 g Zartbitter-Schokolade

1–2 Tropfen Vanillearoma

115 g Zucker

2 Eier, verquirlt

5 EL Milch

SAUCE

300 ml Milch

2 EL Speisestärke

2 EL Zucker

2 EL dunkler Rum

1 Eine Puddingform (1,2 l) einfetten und mit Mehl ausstreuen. Butter, Schokolade und Vanillearoma in eine ofenfeste Schüssel geben und vorsichtig im Wasserbad erwärmen, bis die Schokolade geschmolzen ist. Dann vom Herd nehmen und leicht abkühlen lassen. Den Zucker und dann die Eier unterrühren. Mehl und Backpulver hineinsieben, die Milch zugießen und gründlich vermengen. In die Puddingform füllen. Mit Alufolie umhüllen und diese mit Bindfaden fest verschnüren. Den Pudding 1 Stunde dämpfen bzw. im Wasserbad kochen (das Wasserbad nach Bedarf auffüllen).

2 Für die Sauce Milch in einem kleinen Topf bei mittlerer Hitze erwärmen. Speisestärke unterrühren, dann den Zucker zugeben und unter Rühren auflösen. Unter weiterem Rühren aufkochen, Hitze reduzieren und köchelnd eindicken lassen. Vom Herd nehmen und den Rum unterziehen.

3 Den gegarten Pudding vom Herd nehmen und die Alufolie entfernen. Den Pudding mit einem Messer rundum vorsichtig von der Form lösen und auf eine Servierplatte stürzen. Sofort servieren; dazu separat die Rumsauce reichen.

Schokotörtchen

Für 6 Personen

125 g weiche Butter

150 g brauner Zucker

3 Eier, verquirlt

1 Prise Salz

25 g Kakaopulver

125 g Mehl

1¼ TL Backpulver

25 g Bitterschokolade, fein gehackt

75 g weiße Schokolade, fein gehackt

SAUCE

150 g Schlagsahne

75 g brauner Zucker

25 g Butter

1 Sechs kleine feuerfeste Backformen (jeweils ca. 175 ml) leicht einfetten.

2 Butter und Zucker schaumig schlagen. Nach und nach die Eier unterrühren.

3 Salz, Kakaopulver, Mehl und Backpulver in die Mischung sieben und gründlich unterheben. Dann die Schokolade gleichmäßig einrühren.

4 Die fertige Mischung auf die Förmchen verteilen und mit leicht eingefetteter Alufolie abdecken, diese am Förmchenrand andrücken.

5 Die Förmchen in einen flachen Bräter stellen. Diesen bis zur halben Höhe der Förmchen mit heißem

Wasser füllen. Bei 180 °C im vorgeheizten Backofen 50 Minuten backen, bis ein in die Mitte gestochener Metallspieß teigfrei bleibt.

6 Die Förmchen aus dem Bräter nehmen und beiseite stellen.

7 Für die Sauce Sahne, Zucker und Butter bei geringer Hitze in einer Pfanne zum Kochen bringen. Dann so lange leicht köcheln lassen, bis der Zucker aufgelöst ist.

8 Die Törtchen auf Teller stürzen, die Sauce darüber gießen und sofort servieren.

Tropische Fruchtspießchen

Für 4 Personen

DIP

125 g Zartbitter-Schokolade, in Stücke gebrochen

2 EL heller Sirup

1 EL Kakaopulver

1 EL Speisestärke

200 ml Milch

FRUCHTSPIESSCHEN

1 Mango

1 Papaya

2 Kiwis

½ kleine Ananas

1 große Banane

2 EL Zitronensaft

150 ml weißer Rum

1 Alle Zutaten für den Dip in einen Topf geben. Bei schwacher Hitze unter ständigem Rühren erwärmen, bis eine dickflüssige, glatte Sauce entstanden ist. Warm halten.

2 Die Mango zu beiden Seiten des flachen Steins durchschneiden. Fleisch in Würfel schneiden und von der Schale lösen. Die Papaya halbieren, entkernen, schälen, in Stücke schneiden. Die Kiwis schälen und in Stücke schneiden. Die Ananas schälen, in Stücke schneiden. Die Banane schälen, in Scheiben schneiden und diese in Zitronensaft wenden, damit sie nicht braun werden.

2

2

3

3 Die Fruchtstücke abwechselnd auf 4 Holzspieße stecken. Diese in eine flache Form legen und mit Rum übergießen. Vor dem Grillen mindestens 30 Minuten darin marinieren.

4 Die Fruchtspieße unter Wenden (ca. alle 2 Minuten) auf dem heißen Grill garen, bis sie rundum gebräunt sind. Mit dem warmen Schokoladendip servieren.

Gefüllte Nektarinen

Für 6 Personen

80 g Zartbitter-Schokolade, fein gehackt
60 g Amarettini, zerbröselt
1 TL geriebene Zitronenschale
1 Eiweiß (von einem großen Ei)
6 EL Amaretto
6 Nektarinen, halbiert und entsteint
300 ml Weißwein
55 g geraspelte Vollmilch-Schokolade
Schlagsahne bzw. Vanille- oder Schokoladeneis, zum Servieren

1 Schokolade, Amarettini-Brösel und Zitronenschale in einer Schüssel vermengen. Eiweiß verquirlen und mit der Hälfte des Amarettos zur Schokoladenmischung geben. Nektarinenhälften mit einem kleinen, scharfen Messer aushöhlen. Das ausgelöste Nektarinenfleisch zur Schokoladenmischung geben, gut vermengen.

2 Den Backofen auf 190 °C vorheizen. Nektarinen mit der Schnittseite nach oben nebeneinander in eine Auflaufform setzen. Die Schokoladenmischung gleichmäßig in die Nektarinen füllen. Wein mit dem restlichen Amaretto mischen und rund um die Nektarinen in die Form gießen. Im Backofen 40–45 Minuten backen, bis die Nektarinen weich sind. 2 Nektarinenhälften auf einen Servierteller geben und etwas von der Kochflüssigkeit darüber träufeln. Mit geraspelter Schokolade bestreuen und sofort mit Schlagsahne bzw. Vanille- oder Schokoladeneis servieren.

1

1

2

Bananen-Schoko-Empanadas

Für 4 Personen

8 Platten Filoteig, längs halbiert
Butter, zerlassen, oder Pflanzenöl, zum Einfetten
2 reife süße Bananen
1–2 TL Zucker
Saft von 1/4 Limette
175–200 g Bitterschokolade, in kleine Stücke gebrochen
Puderzucker, zum Bestäuben
Zimt, zum Bestäuben

TIPP

Statt Filoteig kann man auch fertigen Blätterteig verwenden.

1 Die Teigstreifen nebeneinander auf die Arbeitsplatte legen und mit Butter oder Öl bestreichen.

2 Die Banane schälen und würfeln, in eine Schüssel geben und mit dem Zucker und dem Limettensaft mischen. Dann die Schokoladenstücke einrühren.

3 Einige Teelöffel der Bananen-Schokoladen-Mischung auf jeweils 1 Teigecke geben. Dann die Teigstreifen diagonal zusammenfalten, sodass kleine Dreiecke entstehen, die die Mischung vollständig umhüllen.

3

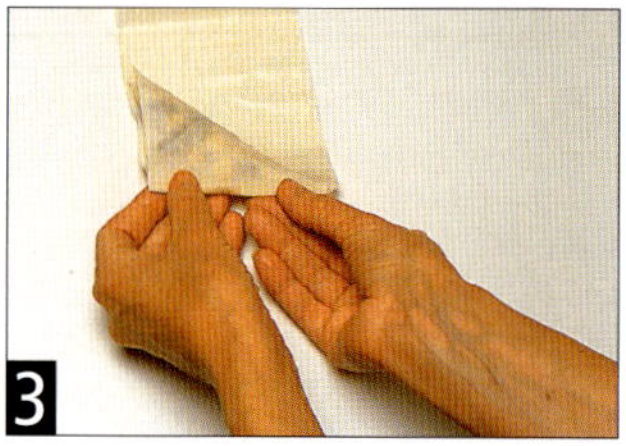
3

4

4 Die Teigtaschen mit Puderzucker und Zimt bestäuben und auf ein mit Backpapier ausgelegtes Backblech legen.

5 Den Backofen auf 190 °C vorheizen, die Teigtaschen hineingeben und in etwa 15 Minuten goldbraun backen. Dann herausnehmen und noch heiß servieren.

Birnen in Schokoladensirup

Für 4 Personen

4 Birnen

1–2 EL Zitronensaft

300 ml Wasser

5 EL Zucker

5-cm-Stück Zimtstange

2 Gewürznelken

200 g Crème double

125 ml Milch

140 g Farinzucker

2 EL Butter, gewürfelt

2 EL Ahornsirup

200 g Zartbitter-Schokolade, in Stücke gebrochen

1 Birnen schälen, Kerngehäuse von der Unterseite aus sorgfältig ausstechen; Stiele nicht entfernen. Birnen mit Zitronensaft einpinseln, damit sie nicht braun werden.

2 Wasser in einen großen Topf gießen, Zucker zugeben. Bei schwacher Hitze unter Rühren auflösen. Birnen, Zimtstange und Gewürznelken in den Topf geben, das Wasser zum Kochen bringen (falls die Birnen nicht bedeckt sind, noch etwas Wasser zugeben). Hitze reduzieren und 20 Minuten köcheln.

3 Crème double und Milch mit Farinzucker, Butter und Ahornsirup in einem anderen Topf bei schwacher Hitze rühren, bis der Zucker aufgelöst und die Butter geschmolzen ist. Aufkochen, unter ständigem Rühren 5 Minuten weiterkochen, bis die Sauce dickflüssig und glatt ist. Vom Herd nehmen. Die Schokolade portionsweise unterrühren; jede Portion schmelzen lassen, bevor die nächste zugegeben wird. Beiseite stellen.

4 Die Birnen auf Servierteller geben. Den Kochsirup köchelnd leicht eindicken lassen. Zimtstange und Gewürznelken wegwerfen. Den Sirup unter die Schokosauce rühren. Sauce über die Birnen gießen und servieren.

Flambierte Schokocrêpes

Für 6 Personen

80 g Mehl
1 EL Kakaopulver
1 TL Zucker
2 Eier, verquirlt
175 ml Milch
2 TL dunkler Rum
140 g Butter
Puderzucker, zum Bestäuben

FÜLLUNG
5 EL Crème double
220 g Zartbitter-Schokolade
3 Eier, getrennt
2 EL Zucker

BEERENSAUCE
30 g Butter
4 EL Zucker
150 ml Orangensaft
225 g Beeren, z. B. Himbeeren, Brombeeren und Erdbeeren
3 EL weißer Rum

1 Für den Crêpeteig Mehl, Kakao und Zucker in eine Schüssel sieben. Eine Mulde in die Mitte drücken und die Eier portionsweise zugeben und unterrühren. Milch zugeben und zu einem glatten Teig verrühren. Rum unterrühren.

2 Die Butter zerlassen. 2 Esslöffel unter den Teig rühren. Teig mit Frischhaltefolie abdecken und 30 Minuten ruhen lassen.

3 Den Boden einer beschichteten Pfanne von 18 cm Ø mit zerlassener Butter bestreichen. Auf mittlere Hitze bringen. Teig durchrühren, 3 Esslöffel Teig in die Pfanne geben, durch Schwenken gleichmäßig verteilen. Ca. 2 Minuten backen, bis die Unterseite goldbraun ist, wenden, weitere 30 Sekunden backen, auf einen Teller geben. So insgesamt 12 Crêpes backen und durch Backpapier getrennt aufeinander stapeln.

3

4 Füllung: Crème double in einen Topf geben, Schokolade zugeben, bei schwacher Hitze unter Rühren schmelzen. Vom Herd nehmen. Eigelb in einer ofenfesten Schüssel mit der Hälfte des Zuckers schaumig rühren, Schokoladencreme unterziehen. Abkühlen lassen.

5 Eiweiß in einer sauberen Schüssel halbsteif schlagen, den restlichen Zucker zugeben und zu festem Eischnee schlagen. 1 Löffel Eischnee in die Schokoladencreme rühren, dann die Schokoladencreme unter den restlichen Eischnee ziehen.

6 Backofen auf 200 °C vorheizen. Ein Backblech mit zerlassener Butter einfetten. 1 Crêpe mit 1 Esslöffel Füllung bestreichen, zusammenklappen und noch einmal falten, sodass ein Dreieck entsteht. Auf die gleiche Weise alle Crêpes zubereiten. Die Oberseiten mit zerlassener Butter bestreichen. Crêpes auf das Backblech legen und 20 Minuten im Backofen backen.

7 Beerensauce: Butter in einer Pfanne bei schwacher Hitze zerlassen. Zucker darin unter Rühren goldgelb bräunen. Orangensaft unterrühren, zu Sirup einköcheln. Beeren zugeben und unter Rühren erwärmen. Rum zugießen, 1 Minute erwärmen, dann mit einem langen Streichholz anzünden. Pfanne schwenken, bis die Flammen erlöschen. Crêpes auf Servierteller geben, mit Puderzucker bestäuben. Etwas Sauce zugeben und servieren.

Schoko-Preiselbeer-Biskuit

Für 4 Personen

- 60 g Butter
- 4 EL dunkler Rohrzucker, plus 2 TL für die Puddingform
- 90 g Preiselbeeren (oder Cranberries)
- 1 großer Kochapfel
- 2 Eier, verquirlt
- 80 g Mehl
- 1 TL Backpulver
- 3 EL Kakaopulver

SAUCE

- 175 g Zartbitter-Schokolade, in Stücke gebrochen
- 400 ml Kondensmilch
- 5 Tropfen Vanillearoma
- 2 Tropfen Bittermandelaroma

1 Eine Puddingform (1,2 l) einfetten, mit Rohrzucker ausstreuen, überschüssigen Zucker ausschütten. Preiselbeeren in eine Schüssel geben. Den Apfel schälen, entkernen, würfeln und mit den Preiselbeeren vermengen. Das Obst in die Puddingform füllen.

2 Butter, Rohrzucker und Eier in eine Schüssel geben. Mehl, Backpulver und Kakao hineinsieben, zu einem Teig vermengen. In die Puddingform auf das Obst gießen. Form mit Alufolie abdecken; diese mit Bindfaden verschnüren. Ca. 1 Stunde dämpfen bzw. im Wasserbad kochen, bis der Teig aufgegangen ist (das Wasserbad nach Bedarf auffüllen).

2

3

3 In der Zwischenzeit die Sauce zubereiten: Schokolade und Milch in einer ofenfesten Schüssel im Wasserbad rühren, bis die Schokolade geschmolzen ist, dann vom Herd nehmen. Vanille- und Bittermandelaroma zugeben und so lange rühren, bis die Sauce dickflüssig und glatt ist.

4 Puddingform aus dem Wasserbad nehmen, Alufolie entfernen. Mit einem stumpfen Messer rund um den Rand den Biskuit von der Form lösen und vorsichtig auf eine Servierplatte stürzen. Sofort servieren; die Sauce separat dazu reichen.

Kleine Schlemmerpuddings

Für 4 Personen

40 g Butter
3 EL Zucker
1 großes Ei, verquirlt
85 g Mehl, 1 TL Backpulver
60 g Zartbitter-Schokolade, geschmolzen
SAUCE
2 EL Kakaopulver
2 EL Speisestärke
150 g Schlagsahne
300 ml Milch
1–2 EL dunkler Rohrzucker

1 Vier Becherförmchen oder kleine Auflaufförmchen mit Butter einfetten. Butter und Zucker in einer Schüssel schaumig rühren. Nach und nach das Ei zugeben und gut unterrühren.

2 Mehl und Backpulver in eine andere Schüssel sieben und mit einem Metalllöffel unter die Butter-Zucker-Masse rühren. Geschmolzene Schokolade unterziehen. Teig auf die Förmchen verteilen – nur zu etwa 2 Drittel füllen, weil der Teig aufgeht. Förmchen mit Alufolie abdecken, diese mit Bindfaden fest verschnüren.

3 Wasser in einem großen Topf zum Kochen bringen und einen Dämpfer darauf setzen. Die Förmchen hineinstellen und 40 Minuten dämpfen. Den Topf nach Bedarf mit kochendem Wasser auffüllen.

4 Für die Sauce Kakao, Speisestärke, Sahne und Milch in einen Topf geben. Unter Rühren kurz aufkochen, Hitze reduzieren und unter ständigem Rühren köcheln lassen, bis die Sauce dickflüssig und glatt ist. 2–3 Minuten weiterköcheln, dann mit Rohrzucker abschmecken. In eine Sauciere gießen.

2

3

5 Die Förmchen aus dem Dämpfer nehmen und die Alufolie entfernen. Mit einem Messer den Teig aus der Form lösen und auf vorgewärmte Portionsteller stürzen. Sofort servieren. Die Sauce separat dazu reichen.

Ertrunkenes Eis

Für 4 Personen

VANILLEEIS

1 Vanilleschote

6 große Eidotter

150 g Zucker oder mit Vanillezucker aromatisierter Zucker

500 ml Milch

250 g Crème double

ca. 450 ml frisch gekochter Espresso

Schoko-Kaffeebohnen, zum Dekorieren

1 Für das Vanilleeis die Vanilleschote längs aufschlitzen, die braunen Samen auskratzen und die Schote beiseite legen.

2 Eidotter und Zucker in eine ofenfeste Schüssel geben und cremig schlagen.

3 Milch, Crème double und Vanillemark und -schote in einen Topf geben und bei mittlerer Hitze aufkochen. Über die Eiercreme gießen und weiter schlagen. Den Boden eines großen Topfes 2,5 cm hoch mit Wasser bedecken und die Schüssel so darauf stellen, dass ihr Boden nicht im Wasser steht. Den Herd auf mittlere Hitze vorheizen.

4 Die Mischung über dem Wasser so lange rühren, bis sie am Löffelrücken haften bleibt. Vom Herd nehmen und abkühlen lassen.

5 Die Mischung in eine Eismaschine geben (den Anweisungen des Herstellers folgen). Alternativ in einen Gefrierbehälter füllen und 1 Stunde ins Tiefkühlfach stellen. In eine Schüssel füllen und rühren, um die Eiskristalle zu lösen. Wieder ins Tiefkühlfach geben. Viermal in 30-Minuten-Intervallen wiederholen.

6 Dann die Eiscreme (falls sie aus der Eismaschine kommt) in einen Gefrierbehälter füllen, glatt streichen und mit Frischhalte- oder Alufolie abdecken. Tiefgefroren ist sie bis zu 3 Monaten haltbar.

7 Vor dem Servieren 20 Minuten im Kühlschrank weich werden lassen. Dann auf Schälchen verteilen. Mit heißem Espresso übergießen und mit den Schoko-Kaffeebohnen dekorieren.

Fruchtspieße mit Schoko-Dip

Für 4 Personen

verschiedene Früchte wie Orangen, Bananen, Erdbeeren, Ananasstücke, Aprikosen, Dessertäpfel, Birnen, Kiwis
1 El Zitronensaft

SCHOKOLADENSAUCE
50 g Butter
50 g Zartbitter-Schokolade, in Stücke gebrochen
½ EL Kakaopulver
2 EL heller Sirup

GLASUR
4 EL klarer Honig
geriebene Schale und Saft von ½ Orange

1 Für die Schokoladensauce Butter, Schokolade, Kakaopulver und hellen Sirup in einen kleinen Topf geben und auf dem Herd sanft erwärmen. Dabei ständig rühren, bis alle Zutaten geschmolzen und gut vermischt sind.

2 Die Früchte schälen, bei Bedarf entkernen, dann in mundgerechte Stücke, Würfel oder Schnitze schneiden. Äpfel, Birnen und Bananen mit Zitronensaft beträufeln, damit sie sich nicht braun verfärben. Die Fruchtstücke auf Spieße stecken.

3 Honig, Orangensaft und Orangenschale erwärmen, verrühren und die Früchte damit bestreichen.

4 Die Fruchtspieße 5–10 Minuten grillen. Mit der Schokoladensauce servieren.

Weiße Schokosauce

Ergibt 225 ml

150 g Crème double

55 g Butter, gewürfelt

3 EL Zucker

175 g weiße Schokolade, in Stücke gebrochen

2 EL Weinbrand

1 Crème double in eine ofenfeste Glasschüssel geben. Butter und Zucker zugeben und unter ständigem Rühren mit einem Holzlöffel im Wasserbad erwärmen, bis alles gleichmäßig vermengt ist. Vom Herd nehmen.

2 Nach und nach die Schokolade unterrühren – immer nur ein paar Stücke auf einmal. Jede Portion ganz schmelzen lassen, bevor die nächste zugegeben wird. Weinbrand zugießen und die Sauce glatt rühren. Vor dem Servieren auf Zimmertemperatur abkühlen lassen.

Dunkle Schokosauce

Ergibt 150 ml

100 g Zucker

4 EL Wasser

175 g Zartbitter-Schokolade, in Stücke gebrochen

25 g Butter, gewürfelt

2 EL Orangensaft

1 Zucker und Wasser in einen kleinen Topf geben und bei schwacher Hitze rühren, bis sich der Zucker aufgelöst hat. Dann portionsweise die Schokolade unterrühren; jede Portion schmelzen lassen, bevor die nächste zugegeben wird. Die Butter ebenfalls portionsweise unterrühren. Die Sauce nicht kochen lassen!

2 Den Orangensaft unterrühren und den Topf vom Herd nehmen. Sofort servieren oder bis zum Servieren warm stellen. Man kann die Sauce aber auch abkühlen lassen, in einen Gefrierbehälter geben und bis zu 3 Monaten einfrieren. Vor dem Servieren bei Zimmertemperatur auftauen lassen und dann vorsichtig erwärmen.

Französische Schokosauce

Ergibt 150 ml

6 EL Crème double
85 g Zartbitter-Schokolade, in kleinen Stücken
2 EL Orangenlikör

1 Die Crème double in einem kleinen Topf bei schwacher Hitze unter Rühren aufkochen. Topf vom Herd nehmen, die Schokolade zugeben und so lange rühren, bis eine glatte Sauce entstanden ist.

2 Den Orangenlikör unterrühren, in eine hitzebeständige Sauciere umfüllen und sofort servieren oder bis zum Servieren warm stellen.

1

1

2

Kalte Desserts

Kühl, cremig, opulent und überaus delikat – so lässt sich die Vielfalt der in diesem Kapitel enthaltenen Nachspeisen zusammenfassen.

Dabei sind einige dieser Desserts erstaunlich rasch und mühelos zuzubereiten, während andere etwas mehr Aufwand erfordern. Besonders praktisch ist, dass sie alle im Voraus zubereitet werden können, teils schon Tage, bevor man sie braucht – ideal z. B., wenn man Gäste erwartet. Bevor sie auf den Tisch kommen, werden sie dann allenfalls noch rasch dekoriert. Selbst die Gebackene Eistorte kann man einfrieren und erst unmittelbar vor dem Servieren kurz in den Ofen schieben.

Eis aus weißer Schokolade

Für 8 Personen

2 EL Hagelzucker

5 EL Wasser

300 g weiße Schokolade

3 Eier, getrennt

300 g Schlagsahne

TIPP

Für Fruchtcoulis geben Sie 225 g weiche Früchte wie Mangos oder Erdbeeren in den Mixer. Fügen Sie 1–2 Esslöffel Glasierzucker zu und verarbeiten Sie beides zu einem glatten Püree. Bei Früchten mit Samen drücken Sie das Püree durch ein Sieb.

1 Eine Kastenform (850 ml) so glatt wie möglich mit Alufolie oder Frischhaltefolie auslegen.

2 Den Hagelzucker unter Rühren bei schwacher Hitze im Wasser auflösen. Zum Kochen bringen und 1–2 Minuten sprudelnd zu Sirup einkochen, dann den Topf vom Herd nehmen.

3 Die Schokolade in kleine Stücke brechen und unter Rühren in dem Sirup auflösen. Leicht abkühlen lassen.

4 Das Eigelb kräftig in die Schokoladenmischung einrühren und diese völlig abkühlen lassen.

5 Die Sahne schlagen und unter die Schokoladenmischung heben.

6 Das Eiweiß steif schlagen, bis der Eischnee feste Spitzen bildet, dann unter die Schokoladenmischung heben. In die Form geben und über Nacht in die Gefriertruhe stellen.

7 Zum Servieren 10–15 Minuten vorher aus der Gefriertruhe nehmen, auf einen Servierteller stürzen und in dünne Scheiben schneiden.

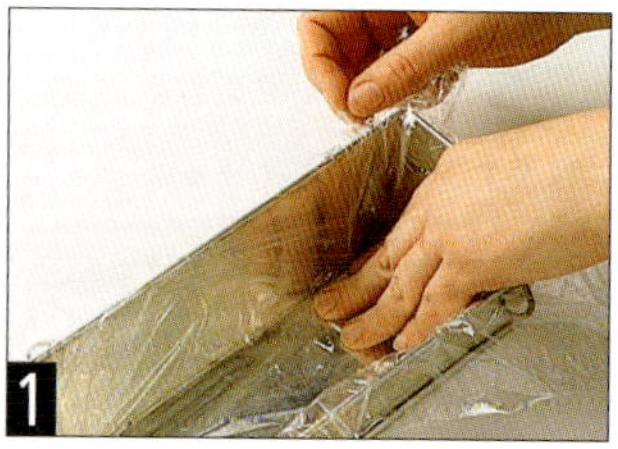

1

2

3

Bananen-Kokos-Käse-Torte

Für 10 Personen

225 g Schokoladenkekse
50 g Butter
350 g Frischkäse
75 g Zucker
50 g Kokosnuss, frisch geraspelt
2 EL Kokoslikör
2 reife Bananen
125 g Zartbitter-Schokolade
1 Päckchen Gelatine
3 EL Wasser
150 g Schlagsahne
DEKORATION
1 Banane
Zitronensaft
geschmolzene Schokolade

TIPP

Zum Öffnen der Kokosnuss zwei der „Augen" aufstechen. Dann das Wasser ablaufen lassen. In der Mitte mit einem Hammer aufschlagen und öffnen. Das Fleisch in Stücke schneiden oder klein hacken.

1 Die Kekse in einem Gefrierbeutel mit einem Nudelholz zerbröseln. In eine Schüssel geben, die Butter zerlassen und gut mit den Bröseln vermengen. Den Boden einer Springform (20 cm Ø) mit der Mischung belegen und gut andrücken.

1

2 Frischkäse und Zucker glatt rühren, dann Kokosnuss und Kokoslikör unterrühren. Die Bananen zerdrücken und zugeben. Die Schokolade schmelzen und sorgfältig einrühren.

2

3 Die Gelatine in das Wasser einstreuen und quellen lassen. Im Wasserbad auflösen und unter die Schokoladenmischung rühren. Die Sahne steif schlagen und unterheben. Die Masse auf den Keksboden geben, glatt streichen und in den Kühlschrank stellen, bis sie fest geworden ist.

4 Zum Servieren auf eine Kuchenplatte heben. Die Banane in Scheiben schneiden, im Zitronensaft wenden und den Kuchen mit den Scheiben garnieren. Mit etwas geschmolzener Schokolade beträufeln und fest werden lassen.

4

Schoko-Rum-Töpfchen

Für 6 Personen

225 g Zartbitter-Schokolade

4 Eier, getrennt

75 g Zucker

4 EL brauner Rum

4 EL Crème double

DEKORATION

etwas Schlagsahne

Schokoladensauce (s. S. 140)

1 Die Schokolade schmelzen und leicht abkühlen lassen.

2 Eigelb und Zucker zu einer hellen und schaumigen Masse schlagen (5 Minuten mit dem elektrischen Handrührer, etwas länger per Hand).

3 Schokolade, Rum und Crème double sorgfältig unter die Mischung heben.

4 Das Eiweiß steif schlagen, bis der Eischnee steife Spitzen bildet. In 2 Portionen vorsichtig unter die Schokoladenmischung heben. Auf 6 Servierschalen verteilen und mindestens 2 Stunden im Kühlschrank kühlen.

5 Mit Schokoladensauce verzieren und mit Schlagsahne servieren.

Schoko-Haselnuss-Töpfchen

Für 6 Personen

2 Eier
2 Eigelb
20 g Zucker
1 TL Speisestärke
600 ml Milch
75 g Zartbitter-Schokolade
4 EL Nuss-Nougat-Creme
geriebene Schokolade oder große Schokoladenspäne (s. S. 7), zum Dekorieren (nach Belieben)

1 Eier, Eigelb, Zucker und Speisestärke gut mischen. Die Milch fast bis zum Siedepunkt erhitzen.

2 Die Milch unter die Eimischung gießen, dabei kräftig schlagen. Schokolade und Nuss-Nougat-Creme in einem heißen Wasserbad schmelzen und unter die Masse rühren.

3 Die Mischung in 6 kleine hitzebeständige Förmchen gießen und mit Alufolie abdecken. Die Förmchen in eine Backform stellen. Kochendes Wasser in die Form gießen, bis die Förmchen zur Hälfte im Wasser stehen.

4 Im vorgeheizten Backofen bei 170 °C 35–40 Minuten backen. Aus der Form nehmen und abkühlen lassen. Bis zum Verzehr in den Kühlschrank stellen. Nach Belieben dekorieren und servieren.

Schoko-Ramequins

Für 4 Personen

300 ml fettarmer Frischkäse oder fettarmer, ungesüßter Naturjoghurt
150 ml fettarmer Naturjoghurt
25 g Puderzucker
4 TL fettarmes Instant-Kakaopulver
4 TL Kakaopulver
5 Tropfen Vanillearoma
2 EL brauner Rum (nach Belieben)
2 mittelgroße Eiweiß
4 Schokoladensterne, zum Dekorieren (s. S. 121)

ZUM SERVIEREN
Kiwi, Orange und Banane, in Stücken
Erdbeeren und Himbeeren

1 Frischkäse und Joghurt in einer Schüssel verrühren. Zucker, Instant-Kakaopulver und Kakaopulver einrühren und vermischen.

2 Vanillearoma und nach Belieben Rum zugeben.

3 In einer zweiten Schüssel das Eiweiß steif schlagen und mit einem Metalllöffel unter die Frischkäse-Joghurt-Creme heben.

4 Die Creme in 4 kleine Porzellantöpfchen füllen und 30 Minuten in den Kühlschrank stellen.

5 Jede Portion mit einem Schokoladenstern dekorieren. Mit frischen Früchten servieren.

1

3

Schnelles Schokodessert

Für 4 Personen

125 ml Wasser

4 EL Zucker

175 g Zartbitter-Schokolade, in Stücke gebrochen

3 Eigelb

300 g Crème double

Kekse, zum Servieren

1 Das Wasser in einen Topf geben. Den Zucker zugeben und bei schwacher Hitze rühren, bis er vollständig aufgelöst ist. Zum Kochen bringen und 3 Minuten kochen lassen, ohne umzurühren. Vom Herd nehmen und etwas abkühlen lassen.

2 Die Schokolade in eine Küchenmaschine geben und den heißen Sirup zugießen.Verrühren, bis die Schokolade geschmolzen ist, dann das Eigelb zugeben und zu einer glatten Masse verarbeiten. Zuletzt die Crème double zugeben und gut unterrühren.

3 Die Mischung in 4 Gläser oder Schälchen gießen, mit Frischhaltefolie abdecken und 2 Stunden im Kühlschrank fest werden lassen. Mit den Keksen servieren.

Champagner-Mousse

Für 4 Personen

BISKUITTEIG

4 Eier

100 g Zucker

75 g Mehl

1 TL Backpulver

15 g Kakaopulver

25 g Butter, zerlassen

MOUSSE

1 Päckchen Gelatine

3 EL Wasser

300 ml Sekt oder Champagner

300 g Schlagsahne

2 Eiweiß

75 g Zucker

50 g dunkle Kuvertüre, geschmolzen, und frische Erdbeeren, zum Dekorieren

1 Ein Backblech mit Backpapier auslegen. Eier und Zucker 10 Minuten kräftig schlagen. Mehl, Backpulver und Kakao in die Mischung sieben und unterheben, dann die Butter einrühren. Den Teig gleichmäßig auf dem Backblech verteilen und im vorgeheizten Backofen bei 200 °C 8 Minuten backen. 5 Minuten abkühlen lassen, dann auf ein Kuchengitter heben. 4 Backringe von 10 cm Ø mit Backpapier auskleiden. Aus dem Biskuitboden 4 entsprechend große runde Scheiben ausstechen und in die Backringe legen. Den restlichen Boden in 2,5 cm breite Streifen schneiden, und die Backringe an den Seiten damit auskleiden.

2 Für die Mousse die Gelatine in das Wasser einstreuen und quellen lassen. Im Wasserbad auflösen und Sekt oder Champagner unterrühren.

3 Die Sahne verquirlen und die Champagner-Gelatine-Mischung unterheben. Kalt stellen, bis die Mischung beinahe fest ist, dann umrühren. Das Eiweiß steif schlagen, nach und nach Zucker zugeben. Unter die Champagnermischung heben und die Teigförmchen damit füllen. 2 Stunden in den Kühlschrank stellen. Für die Garnierung die Kuvertüre in Schlangenlinien auf Backpapier spritzen, nach dem Erstarren vorsichtig abziehen und die Mousse damit verzieren.

1

3

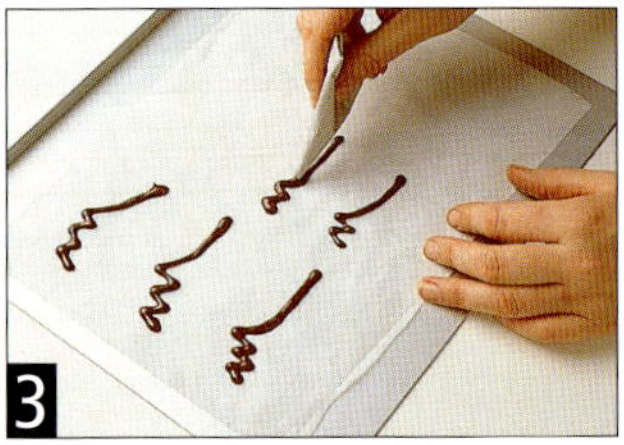

3

Schwarzwälder-Kirsch-Trifle

Für 6 Personen

6 dünne Scheiben Schokoladen-Biskuitrolle mit Buttercreme
800 g Schattenmorellen aus dem Glas
2 EL Kirschwasser
1 EL Speisestärke
2 EL Zucker
425 ml Milch
3 Eigelb
1 Ei
75 g Zartbitter-Schokolade, in Stücke gebrochen
300 g Sahne, leicht geschlagen
DEKORATION
Schokospäne (s. S. 7)
Maraschinokirschen (nach Belieben)

1 Den Boden einer großen Glasschüssel mit den Kuchenscheiben auslegen.

2 Die Schattenmorellen gut abtropfen lassen und 6 Esslöffel Saft auffangen. Kirschen und Saft auf den Kuchen geben und mit Kirschwasser beträufeln.

2

3 Speisestärke und Zucker mit etwas Milch zu einer glatten Paste verrühren, dann unter kräftigem Rühren Eigelb und Ei einrühren.

4 Die restliche Milch bis kurz vor den Siedepunkt erhitzen und in die Eimasse gießen, kräftig verrühren.

5 Unter Rühren im Wasserbad erhitzen, bis die Mischung eingedickt ist, dann die Schokolade einrühren.

6 Die Creme über die Kirschen geben und zum Abkühlen in den Kühlschrank stellen. Dann die Sahne darauf verteilen und mit dem Löffelrücken dekorative Spitzen ziehen. Erneut in den Kühlschrank stellen.

6

7 Mit Schokospänen und Maraschinokirschen dekoriert servieren.

7

Schokoladen-Marquise

Für 6 Personen

200 g Zartbitter-Schokolade
100 g Butter
3 Eigelb
75 g Zucker
1 TL Schokoladenlikör
300 g Schlagsahne
ZUM SERVIEREN
Kakaopulver, zum Bestäuben
Früchte, in Schokolade getaucht (s. S. 54)
Crème fraîche

1

2

1 Die Schokolade in kleine Stücke brechen und mit der Butter im Wasserbad bei schwacher Hitze schmelzen, vom Herd nehmen und abkühlen lassen.

2 Eigelb und Zucker zu einer hellen, schaumigen Masse schlagen, dann unter ständigem Rühren die geschmolzene Schokolade und den Schokoladenlikör zugeben.

3 Die Sahne steif schlagen und in die Schokoladenmischung unterheben. Auf 6 Keramik- oder Metallförmchen verteilen und mindestens 2 Stunden in den Kühlschrank stellen.

4 Die Desserts zum Servieren auf Teller stürzen – wenn Sie damit Schwierigkeiten haben, die Förmchen zuvor ein paar Sekunden in heißes Wasser tauchen. Mit Kakaopulver bestäuben, dazu in Schokolade getauchte Früchte und Crème fraîche reichen.

Schoko-Minz-Dessert

Für 6 Personen

300 g Schlagsahne
150 g Sahnequark
25 g Puderzucker
1 EL Crème de Menthe
175 g Zartbitter-Schokolade
Schokolade, zum Dekorieren

TIPP

Sie können die Muster auch zunächst mit einem Stift auf das Backpapier zeichnen, dann das Papier umdrehen und mit der Schokolade die Linien nachziehen.

1 Die Sahne in eine Schüssel gießen und mit dem Handrührgerät steif schlagen.

2 Sahnequark und Puderzucker unterheben. 1 Drittel der Mischung in eine kleine Schüssel geben und mit der Crème de Menthe verrühren. Die Zartbitter-Schokolade schmelzen und unter die restliche Mischung heben.

3 Die Quarkmischungen abwechselnd in Serviergläser schichten und nur leicht verrühren, um einen Marmoreffekt zu erzielen. Bis zum Servieren in den Kühlschrank stellen.

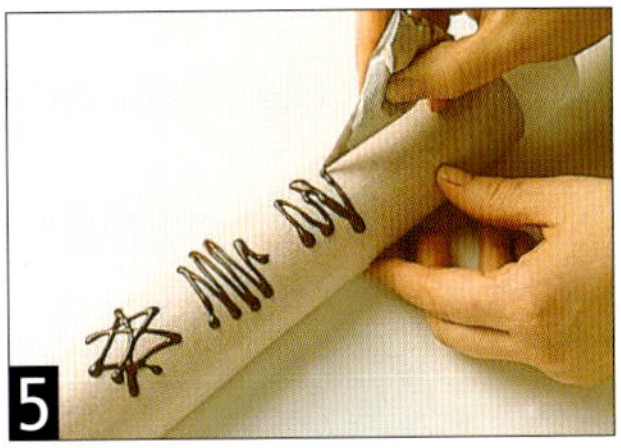

4 Für die Dekoration die Schokolade im Wasserbad schmelzen, eine Tüte aus Backpapier drehen und die Spitze abschneiden, dann mit der Schokolade füllen.

5 Sterne, Blumen oder andere dekorative Muster auf einen Bogen Backpapier spritzen. Für leicht gebogene Verzierungen ein Nudelholz mit Backpapier umhüllen (mit Klebeband festkleben) und die Muster darauf spritzen. Fest werden lassen und vorsichtig vom Papier abziehen.

6 Das Dessert entweder unmittelbar vor dem Servieren mit der Schokolade dekorieren oder fertig dekoriert bis zum Servieren im Kühlschrank aufbewahren.

Schoko-Bananen-Eisbecher

Für 4 Personen

SCHOKOSAUCE

60 g Zartbitter-Schokolade

4 EL heller Sirup

15 g Butter

1 EL Weinbrand oder Rum (nach Belieben)

EISBECHER

4 Bananen

150 g Schlagsahne

8–12 Kugeln Vanilleeis

75 g gehackte Mandeln, geröstet

geriebene Schokolade, zum Bestreuen

4 Eiswaffeln

1 Für die Schokoladensauce die Schokolade in kleine Stücke brechen und mit Sirup und Butter in eine hitzebeständige Schüssel geben. Im Wasserbad schmelzen und mischen. Vom Herd nehmen und nach Belieben Weinbrand oder Rum unterrühren.

2 Die Bananen in Scheiben schneiden und die Sahne steif schlagen. Je 1 Kugel Vanilleeis in 4 große Eisbecher geben. Die Bananenscheiben, etwas Schokoladensauce, 1 Esslöffel Sahne und einige Mandeln darauf geben.

3 In dieser Reihenfolge weiter schichten, dabei mit Sahne abschließen. Mit Mandeln und etwas geriebener Schokolade bestreuen und mit den Eiswaffeln servieren.

1

2

2

Weißes Schokoladeneis in Biskuit

Für 6 Personen

EISCREME

1 Ei

1 Eigelb

40 g Zucker

150 g weiße Schokolade

300 ml Milch

150 g Schlagsahne

BISKUITSCHALEN

1 Eiweiß

50 g Zucker

15 g Mehl, gesiebt

15 g Kakaopulver, gesiebt

25 g Butter, zerlassen

1 Zwei Backbleche mit Backpapier auslegen. Für das Eis Ei, Eigelb und Zucker mischen. Die Schokolade in Stücke brechen und mit 3 Esslöffeln Milch in eine Schüssel geben. Im Wasserbad schmelzen. Die Milch fast aufkochen und in die Eimischung rühren. Dann im heißen Wasserbad unter Rühren eindicken lassen (die Mischung soll an einem Holzlöffel haften bleiben). Die Schokolade unterrühren. Mit feuchtem Backpapier abdecken und fest werden lassen.

2 Die Sahne schlagen und unter die Mischung heben. In einer Tiefkühldose 1–2 Stunden ins Tiefkühlfach stellen. Dann in eine Schüssel füllen und weich rühren. Fest frieren lassen.

2

3

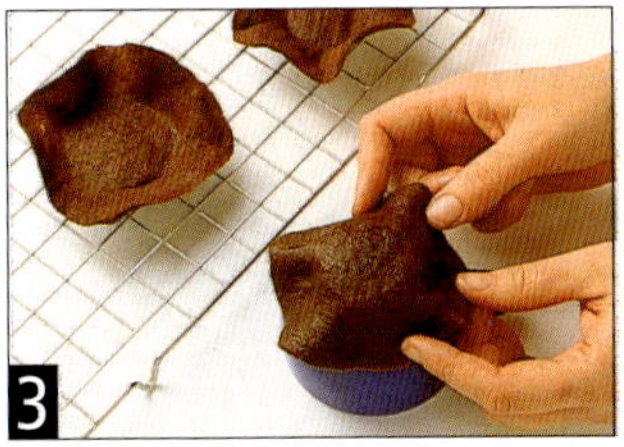

3

3 Eiweiß und Zucker vermischen. Mehl und Kakao unterrühren, dann die Butter. Je 1 Esslöffel Teig auf ein Backblech geben und zu 12 cm großen Kreisen ausbreiten. Im vorgeheizten Backofen bei 200 °C 4–5 Minuten backen. Vom Blech nehmen und auf umgekehrte Tassen stülpen. Nach dem Festwerden auf einem Kuchengitter abkühlen lassen. Das Eis in den Teigschalen servieren.

Marmor-Käse-Kuchen

Für 10 Personen

225 g knuspriges Müsli
50 g geröstete Haselnüsse, gehackt
50 g Butter
25 g Zartbitter-Schokolade
FÜLLUNG
350 g Frischkäse
100 g Zucker
200 g Naturjoghurt
300 g Schlagsahne
3 EL Wasser
1 Päckchen Gelatine
175 g Zartbitter-Schokolade, geschmolzen
175 g weiße Schokolade, geschmolzen

1 Das Müsli in einem Gefrierbeutel mit dem Nudelholz zerdrücken. Mit den Haselnüssen in einer Schüssel vermengen.

2 Butter und Schokolade im Wasserbad schmelzen, die Müsli-Nuss-Mischung zugeben und gut verrühren.

3 Eine Auflaufform (20 cm Ø) mit der Masse auskleiden, dabei mit dem Boden eines Trinkglases kräftig andrücken.

4 Frischkäse und Zucker mit einem Holzlöffel glatt rühren, dann den Joghurt zugeben. Die Sahne steif schlagen und unter die Käsemischung heben. Das Wasser in eine ofenfeste Schüssel gießen, die Gelatine einstreuen und quellen lassen, dann im Wasserbad auflösen und unter die Käsemischung heben.

5 Die Mischung halbieren und die Hälften mit je 1 Schokoladensorte verrühren.

6 Abwechselnd beide Käsemischungen auf den Kuchenboden löffeln und mit einem Messer verrühren, um einen Marmoreffekt zu erzielen. Mit einem Kuchenspachtel oder Palettenmesser glatt streichen. Im Kühlschrank fest werden lassen.

Schoko-Obst-Törtchen

Für 6 Personen

250 g Mehl
3 EL Kakaopulver
150 g Butter
40 g Zucker
2–3 EL Wasser
50 g Zartbitter-Schokolade
50 g gemischte Nüsse, geröstet
350 g Obst, küchenfertig
3 EL Johannisbeergelee
1 EL Wasser

VARIATION

Füllen Sie die Törtchen vor dem Belegen mit etwas gesüßter Schlagsahne. Für eine Schokofüllung mischen Sie 225 g Nuss-Nougat-Creme mit 5 Esslöffeln Sahnejoghurt oder Schlagsahne.

1 Mehl und Kakaopulver in eine Schüssel sieben, die Butter in Flöckchen zugeben und mit den Fingern verreiben, bis die Mischung krümelig ist.

2 Zucker und Wasser zugeben und verkneten, bis ein weicher Teig entsteht. Für 15 Minuten abgedeckt in den Kühlschrank stellen.

3 Den Teig auf einer leicht bemehlten Arbeitsfläche ausrollen und 6 kleine Törtchenformen damit auslegen. Die Kuchenböden mit einer Gabel mehrmals einstechen und mit leicht zerknüllter Alufolie abdecken. Im vorgeheizten Backofen bei 190 °C 10 Minuten blind backen.

4 Die Folie entfernen und weitere 5–10 Minuten backen. Die Böden in den Förmchen vollständig abkühlen lassen.

5 Die Schokolade im Wasserbad schmelzen und die gehackten Nüsse auf einen Teller geben. Die Törtchen aus den Formen nehmen, die Ränder mit Schokolade einpinseln und in die Nüsse tauchen.

6 Die Törtchen mit dem Obst belegen. Das Gelee mit dem Wasser in einem Topf zerlassen und das Obst damit einpinseln. Bis zum Servieren in den Kühlschrank stellen.

Käsekuchen mit Schokolade

Für 12 Personen

100 g Mehl
100 g gemahlene Mandeln
200 g Demerara-Zucker
150 g Margarine
675 g fester Tofu
175 ml Pflanzenöl
125 ml Orangensaft
175 ml Brandy
50 g Kakaopulver, plus etwas mehr, zum Dekorieren
2 TL Bittermandelaroma

DEKORATION
Puderzucker
Physalis

1 Mehl, gemahlene Mandeln und 1 EL Zucker in eine Schüssel geben und gut vermengen. Margarine in die Mischung kneten und zu einem Teig verarbeiten.

2 Eine 23-cm-Springform leicht einfetten und den Boden mit Backpapier auslegen. Den Teig darauf verteilen und bis zum Rand der Form ziehen.

3 Tofu grob zerkleinern und in der Küchenmaschine mit Öl, Orangensaft, Brandy, Kakaopulver, Mandelaroma und dem restlichen Zucker zu einer glatten und cremigen Masse verarbeiten. Auf den Teigboden geben und im vorgeheizten Ofen bei 160 °C 1–1¼ Stunden backen, bis die Masse fest ist.

4 In der Form 5 Minuten abkühlen lassen, dann herausnehmen und in den Kühlschrank stellen. Mit Puderzucker und Kakaopulver bestäuben. Mit Physalis dekorieren und servieren.

Tiramisu

Für 6 Personen

300 g dunkle Schokolade
400 g Mascarpone
150 g Sahne, geschlagen
400 ml kalter Kaffee, mit 50 g Zucker vermischt
6 EL brauner Rum oder Weinbrand
54 Löffelbiskuits (ca. 400 g)
Kakaopulver, zum Bestäuben

VARIATION

Geben Sie in Schritt 1 50 g gehackte und geröstete Haselnüsse in die Schokoladenmischung.

1 Die Schokolade in einer Schüssel im Wasserbad schmelzen. Dabei gelegentlich umrühren. Leicht abkühlen lassen, dann mit dem Mascarpone und der Sahne verrühren.

2 Kaffee und Rum in einer Schüssel mischen. Die Löffelbiskuits kurz in die Mischung tauchen – sie sollen die Flüssigkeit aufsaugen, aber nicht zu weich werden.

3 Je 3 Löffelbiskuits nebeneinander auf 1 Dessertteller legen.

4 Je 1 Lage Mascarponecreme über die Löffelbiskuits schichten.

5 Erneut 3 Löffelbiskuits auf die Mascarponeschicht legen, diese abermals mit Mascarponecreme bedecken und mit einer letzten Lage Löffelbiskuits abschließen.

6 Die fertige Tiramisu mindestens 1 Stunde in den Kühlschrank stellen und vor dem Servieren mit Kakaopulver bestäuben.

1

1

2

Erdbeer-Käsekuchen

Für 8 Personen

BODEN

60 g Butter

225 g Vollkorn-Butterkekse, zerbröselt

60 g Walnusskerne, gehackt

FÜLLUNG

450 g Mascarpone

2 Eier, verquirlt

3 EL Zucker

250 g weiße Schokolade, in Stücke gebrochen

225 g Erdbeeren, entstielt und geviertelt

ZUM DEKORIEREN

175 g Mascarpone

Schokoladenspäne (s. S. 7)

16 ganze Erdbeeren

1 Für den Boden die Butter bei schwacher Hitze zerlassen, dann Keksbrösel und gehackte Walnüsse unterrühren. Die Mischung in eine Springform von 23 cm Ø füllen und mit einem Löffel gleichmäßig festdrücken. Beiseite stellen.

2 Den Backofen auf 150 °C vorheizen. Für die Füllung den Mascarpone glatt rühren, dann die Eier und den Zucker unterrühren. Schokolade im Wasserbad bei schwacher Hitze schmelzen. Vom Herd nehmen, etwas abkühlen lassen, dann unter die Mascarponemischung ziehen. Zuletzt die Erdbeeren untermengen.

3 Füllung in die Springform geben, auf dem Kuchenboden verteilen und glatt streichen. Im vorgeheizten Backofen 1 Stunde backen, bis die Füllung gerade fest ist. Ofen ausschalten, aber den Käsekuchen erst herausnehmen, wenn er völlig abgekühlt ist.

1

2

4 Den Kuchen auf eine Kuchenplatte gleiten lassen und mit Mascarpone bestreichen. Mit Schokoladenspänen und ganzen Erdbeeren dekorieren.

Schoko-Weinbrand-Torte

Für 12 Personen

BODEN

250 g Ingwerkekse

75 g Zartbitter-Schokolade

100 g Butter

FÜLLUNG

225 g Zartbitter-Schokolade

250 g Mascarpone

2 Eier, getrennt

3 EL Weinbrand

300 g Schlagsahne

50 g Zucker

100 g Schlagsahne und Schokokaffeebohnen, zum Dekorieren

1 Die Kekse in einem Gefrierbeutel mit einem Nudelholz zerbröseln. Schokolade und Butter zusammen schmelzen und über die Brösel gießen. Gut mischen. Wände und Boden einer Springform (26 cm Ø) mit der Masse auskleiden. Kalt stellen und unterdessen die Füllung zubereiten.

2 Die Zartbitter-Schokolade schmelzen, vom Herd nehmen und Mascarpone, Eigelb und Weinbrand unterrühren.

3 Die Sahne schlagen und unter die Schokoladenmischung heben.

4 Das Eiweiß in einer fettfreien Schüssel steif schlagen. Nach und nach Zucker zufügen und schlagen, bis der Eischnee fest und glänzend ist. In 2 Portionen sorgfältig unter die Schokoladenmischung heben.

5 Die Mischung in die Form füllen und mindestens 2 Stunden kalt stellen. Vorsichtig auf eine Kuchenplatte heben. Für die Garnierung die Sahne schlagen und Rosetten auf den Kuchen spritzen. Die Schokobohnen auf die Rosettenspitzen setzen.

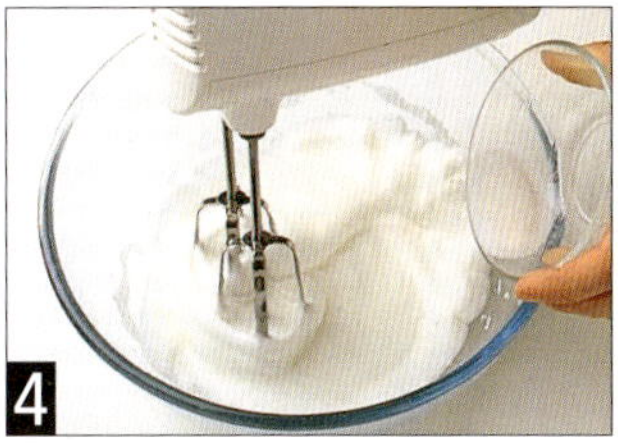

Schokoladeneis im Körbchen

Für 6 Personen

EIS
1 Ei
3 Eigelb
90 g Zucker
300 ml Milch
250 g Zartbitter-Schokolade
300 g Schlagsahne

KÖRBCHEN
100 g Zartbitter-Schokolade

1 Ei, Eigelb und Zucker zu einer hellen, schaumigen Masse schlagen. Die Milch fast aufkochen.

2 Unter ständigem Rühren die Milch zur Eimischung gießen. Die Masse im Wasserbad rühren und eindicken lassen, bis sie am Rücken eines Holzlöffels haften bleibt.

3 Die Schokolade in Stücke brechen und unter Rühren in der Masse auflösen. Mit angefeuchtetem Backpapier abdecken und abkühlen lassen.

4 Die Sahne schlagen und unter die abgekühlte Mischung heben. In einer Gefrierdose 1–2 Stunden in die Gefriertruhe stellen, bis die Mischung etwa 2,5 cm um den Rand gefroren ist.

3

5 Die Eiscreme in eine Rührschüssel löffeln und mit dem Handrührgerät glatt rühren, dann erneut einfrieren.

6 Für die Schokoladenkörbchen eine Muffin-Form umdrehen und 6 Förmchen mit Frischhaltefolie überziehen. Die Schokolade schmelzen. Ein Stück Backpapier zu einer Tüte drehen und die Spitze abschneiden, die Schokolade hineinfüllen.

7 Einen Kranz Schokolade rund um jede Form spritzen, dann über Kreuz Linien darüber ziehen, bis eine körbchenartige Struktur entsteht. Vorsichtig eine zweite Schicht darüber spritzen und eine weitere Linie um die Basis herum ziehen. Zum Festwerden in den Kühlschrank stellen, dann von der Form heben und die Folie abziehen. Mit Eis füllen und servieren.

7

7

Schokoring mit Eisfüllung

Für 8 Personen

4 Eier
175 g Zucker
100 g Mehl
1 TL Backpulver
40 g Kakaopulver
500 ml Schokoladen-Pfefferminz-Eis
Schokoladensauce (s. S. 104)

1 Eine Kranzform (23 cm Ø) leicht einfetten. Eier und Zucker in eine große Schüssel geben und mit einem Handrührgerät verquirlen, bis die Mischung steife Spitzen bildet. Alternativ mit einem Schneebesen im Wasserbad schlagen.

2 Mehl, Backpulver und Kakao in die Eimasse sieben und unterrühren. In die Backform füllen und im vorgeheizten Backofen bei 180 °C 30 Minuten backen, bis der Kuchen beim Andrücken leicht nachgibt. 5 Minuten in der Form ruhen lassen, auf ein Kuchengitter heben und vollständig auskühlen lassen.

3 Die Backform ausspülen und mit Frischhaltefolie auslegen. Einen etwa 1 cm dicken Deckel vom Kuchen abschneiden.

4 Den Kuchen wieder in die Backform legen. Mit einem Löffel aushöhlen, dabei einen etwa 1 cm breiten Rand stehen lassen.

5 Das Eis aus dem Tiefkühlfach nehmen und einige Minuten stehen lassen. Mit einem Holzlöffel leicht rühren. Den Kuchen mit dem Eis füllen und glatt streichen. Den Kuchendeckel auflegen.

6 Mit Frischhaltefolie abdecken und mindestens 2 Stunden ins Tiefkühlfach stellen.

7 Den Kuchen auf eine Kuchenplatte stürzen und mit etwas Schokoladensauce in einem dekorativen Muster verzieren. In Scheiben schneiden und servieren. Die Sauce separat reichen.

3

4

5

Mousse au chocolat

Für 8 Personen

100 g Bitterschokolade, geschmolzen
300 ml Naturjoghurt
150 ml Quark
4 EL Zucker
1 EL Orangensaft
1 EL Brandy
1½ TL Agar-Agar
9 EL kaltes Wasser
2 große Eiweiß

DEKORATION
dunkle und weiße Schokolade, grob gerieben
Orangenschale

1 Schokolade, Joghurt, Quark, Zucker, Orangensaft und Brandy mit der Küchenmaschine 30 Sekunden pürieren. Die Mischung in eine große Schüssel füllen.

2 Gelatine in das Wasser geben und unter Rühren auflösen.

3 In einem Topf 2 Minuten kochen. Langsam abkühlen lassen und in die Schokolade einrühren.

4 Eiweiß steif schlagen und mit einem Metalllöffel unter die Schokoladenmischung ziehen.

5 Eine 500-g-Kastenform mit Frischhaltefolie ausschlagen. Die Mousse hineingeben. 2 Stunden zum Festwerden in den Kühlschrank stellen. Die Mousse auf einen Servierteller stürzen, dekorieren und servieren.

3

4

5

Schoko-Charlotte

Für 8 Personen

22 Löffelbiskuits
4 EL Orangenlikör
250 g Zartbitter-Schokolade
150 g Crème double
4 Eier
150 g Zucker

ZUM DEKORIEREN
150 g Schlagsahne
2 EL Zucker
2–3 Tropfen Vanillearoma
große Schokoladenspäne (s. S. 7)
andere Schokoladendekoration (s. S. 121)

1 Den Boden einer Charlotten-Form oder einer tiefen Springform (18 cm Ø) mit Backpapier auslegen.

2 Die Löffelbiskuits auf ein Backblech legen und mit der Hälfte des Orangenlikörs tränken. Dann die Löffelbiskuits an den Wänden der Springform aufrecht zu einem Kranz anordnen – sie müssen ganz dicht aneinander stehen.

3 Die Schokolade in kleine Stücke brechen und im Wasserbad schmelzen. Vom Herd nehmen und die Crème double sorgfältig einrühren.

4 Die Eier trennen und das Eiweiß in eine große fettfreie Schüssel geben. Das Eigelb unter die Schokoladenmischung rühren.

5 Das Eiweiß steif schlagen, dann allmählich den Zucker zufügen, bis der Schnee fest und glänzend ist. Vorsichtig in 2 Portionen unter die Schokoladenmischung heben. Dann alles in die Mitte der Springform füllen. Die Löffelbiskuits bis zur Höhe der Schokoladenmischung abschneiden. Mindestens 5 Stunden kalt stellen.

3

5

6 Die Sahne mit Zucker und Vanillearoma schlagen. Die Charlotte auf einen Kuchenteller heben. Sahnerosetten rund um die Charlotte spritzen und mit Schokoladenspänen oder anderen Formen dekorieren.

Mokka-Marmor-Mousse

Für 4 Personen

1 EL Instant-Kaffee
1 EL Instant-Getreidekaffee
2 TL Kakaopulver, plus etwas mehr, zum Bestäuben
1 TL fettarmes Instant-Kakaopulver
150 ml fettreduzierte Crème fraîche, plus 4 TL zum Dekorieren
2 TL Gelatinepulver
2 EL kochendes Wasser
2 große Eiweiß
2 EL Zucker
4 Schoko-Kaffeebohnen, zum Dekorieren

1 Kaffee- und Getreidekaffeepulver in eine Schüssel geben, Kakao und Instantpulver in eine zweite. Die Crème fraîche gleichmäßig auf die beiden Schüsseln verteilen und jeweils gut verrühren.

2 Die Gelatine in kochendem Wasser auflösen und beiseite stellen. In einer fettfreien Schüssel das Eiweiß steif schlagen, dabei den Zucker einrieseln lassen. Den Eischnee auf beide Crèmes verteilen.

3 Die Gelatine auf die beiden Cremes verteilen und mit einem Metalllöffel behutsam mischen.

4 Die Crèmes löffelweise abwechselnd in Portionsgläser füllen, und mit dem Löffelstiel behutsam ein spiralförmiges Muster ziehen. 1 Stunde in den Kühlschrank stellen.

5 Zum Servieren jede Portion mit 1 Esslöffel Crème fraîche und 1 Schoko-Kaffeebohne dekorieren.

1

2

Dreierlei Schokoladenmousse

Für 4 Personen

3 Eier
1 TL Speisestärke
50 g Zucker
300 ml Milch
1 Päckchen Gelatine
3 EL Wasser
300 g Schlagsahne
75 g Zartbitter-Schokolade
75 g weiße Schokolade
75 g Vollmilch-Schokolade
Schokoladenspäne, zum Dekorieren (s. S. 7)

4

5

1 Eine Kastenform (850 ml) mit Backpapier auslegen. Die Eier trennen und jedes Eiweiß in ein separates Schüsselchen geben. Eigelb, Speisestärke und Zucker in einer großen Schüssel verrühren. Die Milch unter Rühren vorsichtig aufkochen, dann nach und nach zum Eigelb gießen, dabei immer kräftig schlagen.

2 Die Schüssel in ein heißes Wasserbad stellen und rühren, bis die Mischung eingedickt ist.

3 Gelatine und Wasser in eine Schüssel geben und quellen lassen. Im heißen Wasserbad unter Rühren auflösen. Unter die Eimischung rühren und abkühlen lassen.

4 Die Sahne schlagen und vorsichtig unter die Mischung heben. Die Mischung in 3 Portionen teilen. Die 3 Schokoladensorten getrennt schmelzen. Die Zartbitter-Schokolade mit einer Portion Eimischung verrühren. 1 Eiweiß steif schlagen und unter die Zartbitter-Ei-Creme heben. In die Backform füllen und glatt streichen. Im Kühlschrank fest werden lassen.

5 Unterdessen die weiße Schokolade mit der zweiten Portion der Eimischung verrühren. Das zweite Eiweiß steif schlagen und unterheben. Auf die erste Mousseschicht gießen und rasch kalt stellen. Den Vorgang mit der Vollmilch-Schokolade abschließen, dann die Mousse noch einmal kalt stellen und fest werden lassen. Zum Servieren vorsichtig auf einen Servierteller stürzen und mit Schokoladenspänen dekorieren.

Schoko-Vanille-Creme

Für 4 Personen

450 g Crème double

75 g Zucker

1 Vanilleschote

200 g Crème fraîche

2 TL Gelatine

3 EL Wasser

50 g Zartbitter-Schokolade

weiße und Zartbitter-Schokolade, geschmolzen, zum Dekorieren

1 Crème double und Zucker in einem Topf verrühren und erhitzen. Die Vanilleschote längs aufschlitzen und zugeben. Bei schwacher Hitze rühren, bis der Zucker aufgelöst ist, dann aufkochen. Die Hitze reduzieren und 2–3 Minuten leicht köcheln.

2 Den Topf vom Herd nehmen, die Vanilleschote entfernen und die Crème fraîche einrühren.

3 Die Gelatine in das Wasser einstreuen und quellen lassen, im Wasserbad auflösen und unter die Creme rühren. Die Hälfte der Mischung in eine andere Rührschüssel geben und beiseite stellen.

4 Die Zartbitter-Schokolade schmelzen und unter 1 Hälfte der Creme rühren. Diese auf 4 Serviergläser verteilen und 10–15 Minuten in den Kühlschrank stellen, bis sie gerade fest geworden ist. Die Vanillemischung derweil auf Zimmertemperatur halten.

5 Die Vanillemischung auf die Schokoladenschicht gießen und wieder in den Kühlschrank stellen.

6 Für die Dekoration Backpapier zu einer Tüte drehen und die Spitze abschneiden, dann die weiße Schokolade hineinfüllen. Die Zartbitter-Schokolade dünn auf einen Bogen Backpapier auftragen und mit der weißen Schokolade Linien darüber spritzen. Mit einem Holzspieß marmorieren, mit einem Plätzchenausstecher Herzen oder andere Formen ausstechen. Im Kühlschrank fest werden lassen und das Dessert vor dem Servieren damit dekorieren.

1

6

6

Schokokästchen mit Himbeeren

Für 12 Personen

200 g Zartbitter-Schokolade, in Stücke gebrochen
$1^1/_2$ TL kalter, starker schwarzer Kaffee
1 Eigelb
11/2 TL Kaffeelikör
2 Eiweiß
200 g frische Himbeeren

BISKUITTEIG
1 Ei und 1 zusätzliches Eiweiß
4 EL Zucker
5 EL Mehl

1 Für die Mokkamousse 50 g Schokolade im Wasserbad schmelzen. Den Kaffee zugeben und bei schwacher Hitze mit der Schokolade glatt rühren. Vom Herd nehmen, etwas abkühlen lassen. Eigelb und Kaffeelikör unterrühren.

2 Eiweiß steif schlagen und unter die Mokkamousse ziehen. Mit Frischhaltefolie abgedeckt 2 Stunden im Kühlschrank fest werden lassen.

3 Biskuitteig: Den Boden einer quadratischen 20-cm-Kastenform mit Backpapier auslegen. Das Ei mit Eiweiß und Zucker im Wasserbad bei schwacher Hitze 5–10 Minuten zu einer dicken, schaumigen Masse schlagen. Vom Herd nehmen und weitere 10 Minuten schlagen, bis die Masse abgekühlt ist.

4 Den Backofen auf 180 °C vorheizen. Mehl auf die Eimasse sieben und vorsichtig unterheben. In die Form gießen und 20–25 Minuten backen, bis sich der Teig etwas von den Seiten der Form gelöst hat. Mit dem Backpapier auf ein Kuchengitter stürzen und abkühlen lassen, dann umdrehen, ohne das Backpapier abzuziehen.

5 Für die Schokokästchen eine flache Form von 30 cm x 23 cm einfetten und mit Backpapier auslegen. Die restliche Schokolade unter Rühren im Wasserbad nicht zu dünnflüssig schmelzen. In die Form gießen und zu einer gleichmäßigen Schicht verlaufen lassen. An einem kühlen Ort ca. 30 Minuten fest werden lassen.

6 Schokolade aus der Form heben. Mit einem Lineal und einem scharfen Messer in 36 Rechtecke von je 7,5 cm x 2,5 cm schneiden. 12 davon halbieren, sodass 24 Rechtecke von 3,75 cm x 2,5 cm entstehen.

7 Vom Biskuitteig die braunen Ränder abschneiden. Den Teig in 12 Scheiben von je 7,5 cm x 3 cm schneiden. Die Außenkanten jeder Biskuitscheibe mit etwas Mokkamousse bestreichen und je 2 lange und 2 kurze Schokoladenrechtecke dagegen drücken, sodass kleine Kästchen entstehen. Die restliche Mousse in die Kästchen füllen und die Himbeeren darauf setzen.

Mokkacreme

Für 4 Personen

225 g Zartbitter-Schokolade

1 EL Instant-Kaffee

300 ml kochendes Wasser

1 Päckchen Gelatine

3 EL kaltes Wasser

5 Tropfen Vanillearoma

1 EL Kaffeelikör (nach Belieben)

300 g Schlagsahne

4 Schoko-Kaffeebohnen

8 Amarettini

VARIATION

Für ein delikates Mandelaroma ersetzen Sie den Kaffeelikör durch Mandellikör wie z. B. Amaretto.

1 Die Schokolade in kleine Stücke brechen und mit dem Kaffee in einen Topf geben. Wasser zugießen und bei schwacher Hitze unter Rühren schmelzen.

2 Die Gelatine ins kalte Wasser streuen und quellen lassen, dann unter die heiße Schokoladenmischung rühren, bis sie sich aufgelöst hat.

3 Vanillearoma und nach Belieben Kaffeelikör zugießen. An einem kühlen Ort ruhen lassen, bis die Masse einzudicken beginnt, dabei von Zeit zu Zeit verquirlen.

4 Die Sahne steif schlagen, ein wenig für die Garnierung zurückbehalten und den Rest unter die Mischung heben. In Dessertschalen füllen und fest werden lassen.

5 Mit der restlichen Sahne und den Kaffeebohnen garnieren und servieren. Dazu die Amarettini reichen.

Windbeutel mit Bananensahne

Für 4 Personen

BRANDTEIG
60 g Butter
150 ml Wasser
90 g Mehl, gesiebt
2 Eier

SCHOKOSAUCE
100 g Zartbitter-Schokolade, in kleinen Stücken
2 EL Wasser
50 g Puderzucker
25 g Butter

FÜLLUNG
300 g Schlagsahne
1 Banane
25 g Puderzucker
2 EL Bananenlikör

1 Ein Backblech leicht einfetten und mit etwas Wasser besprenkeln. Für den Brandteig die Butter in kleine Stückchen schneiden und mit dem Wasser erhitzen, bis sie geschmolzen ist, dann kurz aufkochen. Den Topf vom Herd nehmen und das Mehl zugeben und kräftig rühren, bis sich der Teig vom Topfrand löst. Leicht abkühlen lassen, dann unter ständigem Rühren nach und nach die Eier zugeben, bis ein glatter, glänzender Teig entsteht. In einen Spritzbeutel mit Lochtülle (10 mm Ø) füllen.

2 Auf das Backblech 18 kleine Teigbällchen spritzen, dabei auf genügend Abstand achten. Im vorgeheizten Backofen bei 220 °C 15–20 Minuten knusprig backen. Aus dem Backofen nehmen und seitlich je 1 kleinen Schlitz schneiden, damit der Dampf entweichen kann. Auf einem Kuchengitter abkühlen lassen.

3 Für die Sauce Zartbitter-Schokolade, Wasser, Puderzucker und Butter im Wasserbad erhitzen und zu einer glatten Masse verrühren.

4 Die Sahne steif schlagen, die Bananen zerdrücken und mit Zucker und Likör verrühren. Die Masse unter die Sahne heben. In einen Spritzbeutel mit Lochtülle (10 mm Ø) füllen und die Windbeutel mit der Bananensahne füllen. Mit Schokoladensauce übergießen und servieren.

1

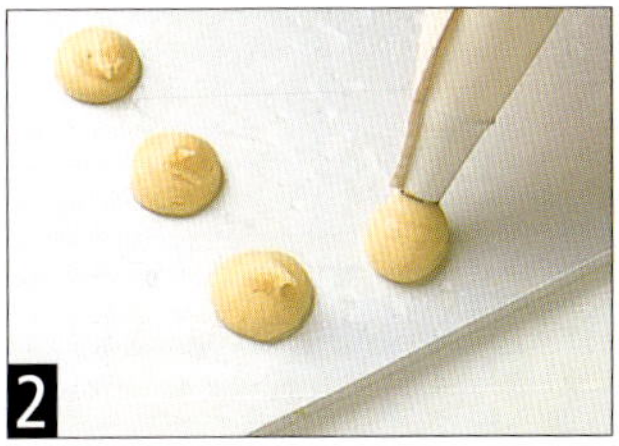
2

Schoko-Kardamom-Hörnchen

Für 6 Personen

1 Eiweiß
50 g Zucker
15 g Mehl
15 g Kakaopulver
25 g Butter, zerlassen
50 g Zartbitter-Schokolade

KARDAMOM-CREME
150 g Schlagsahne
1 EL Puderzucker
1/4 TL gemahlener Kardamom
1 Prise geriebener Ingwer
25 g frischer Ingwer, fein gehackt

1 Zwei Backbleche mit Backpapier auslegen. 2 Hörnchenformen leicht einfetten. Für die Hörnchen Eiweiß und Zucker gut mischen. Mehl und Kakao sieben und unter die Ei-Zucker-Mischung rühren. Die Butter sorgfältig unterrühren.

2 Auf ein Backblech 1 Esslöffel Teig setzen und zu einer runden Scheibe von 12 cm Ø formen. Im vorgeheizten Backofen bei 200 °C 5 Minuten backen.

3 Die Scheibe mit einem Palettenmesser rasch vom Blech nehmen und um eine Hörnchenform wickeln. Fest werden lassen und abziehen. Auf die gleiche Weise 5 weitere Hörnchen herstellen.

4 Die Schokolade schmelzen und die Hörnchen mit dem offenen Ende eintauchen. Auf Backpapier legen und fest werden lassen.

5 Für die Creme die Sahne in eine Schüssel gießen, Puderzucker und Gewürze darüber sieben. Steif schlagen. Den gehackten Ingwer unterheben und die Hörnchen füllen.

Himbeercreme-Türmchen

Für 6 Personen

MÜRBETEIG
225 g Butter
75 g brauner Zucker
50 g geraspelte Zartbitter-Schokolade
275 g Mehl
FÜLLUNG
350 g frische Himbeeren
25 g Puderzucker
300 g Schlagsahne
3 EL Milch
100 g weiße Schokolade, geschmolzen
Puderzucker, zum Bestäuben

1 Ein Backblech einfetten. Für den Mürbeteig Butter und Zucker schaumig schlagen. Die Zartbitter-Schokolade unterrühren. Das Mehl zugeben und zu einem glatten Teig verarbeiten.

2 Den Teig auf einer leicht bemehlten Arbeitsfläche ausrollen und 18 etwa 8 cm große Scheiben ausstechen. Auf das Backblech setzen und im vorgeheizten Backofen bei 200 °C 10 Minuten backen. Die Kekse auf dem Backblech abkühlen lassen.

3 Etwa 100 g Himbeeren beiseite stellen, den Rest in der Küchenmaschine mit dem Puderzucker pürieren, dann durch ein Sieb streichen. Kalt stellen. 2 Teelöffel Sahne beiseite stellen, die restliche steif schlagen. Milch und weiße Schokolade unterrühren.

4 Für jedes Türmchen etwas Himbeer-Püree auf einen Teller geben. Mit der zurückbehaltenen Sahne kleine Punkte an den Rand des Tellers in das Püree tropfen. Mit einem Holzspieß dekorative Muster durch die Sahnepunkte ziehen.

3

4

5 Auf den Teller 1 Keks, etwas Schokoladencreme und 2 oder 3 Himbeeren schichten. Wiederholen und mit einem Keks abschließen. Großzügig mit Puderzucker bestäuben.

Gebackene Eistorte

Für 6 Personen

2 Eier
50 g Zucker
40 g Mehl
15 g Kakaopulver
3 Eiweiß
150 g Zucker
1 l hochwertiges Schokoladeneis

1 Eine Springform (20 cm Ø) leicht einfetten und den Boden mit Backpapier auslegen.

2 Eier und 4 Esslöffel Zucker schaumig schlagen. Mehl und Kakaopulver sieben und vorsichtig einrühren.

3 Den Teig in die Form füllen und im vorgeheizten Backofen bei 220 °C 7 Minuten backen, bis der Kuchen beim Andrücken leicht nachgibt. Auf einem Kuchengitter abkühlen lassen.

4 Das Eiweiß steif schlagen. Unter Rühren allmählich den restlichen Zucker zugeben, bis der Eischnee fest und glänzend ist.

5 Den Biskuitboden auf ein Backblech legen. Das Schokoladeneis in der Mitte des Bodens platzieren.

TIPP

Eine Coulis aus schwarzen Johannisbeeren schmeckt köstlich zur Eistorte. Dazu einige Johannisbeeren in etwas Orangensaft aufkochen, pürieren, durch ein Sieb streichen und leicht süßen.

6 Den Eischnee über das Eis spritzen oder streichen – das Eis muss vollständig bedeckt sein. Jetzt kann die Torte tiefgefroren werden oder ...

7 ... wieder in den Backofen gestellt und 5 Minuten gebacken werden, bis die Oberseite des Baisers goldbraun ist. Sofort servieren.

Schoko-Orangen-Sorbet

Für 4 Personen

225 g Zartbitter-Schokolade, in kleinen Stücken
1 l zerstoßenes Eis
300 ml frisch gepresster Orangensaft
150 ml Wasser
4 EL Zucker
geriebene Schale von 1 Orange
Saft und geriebene Schale von 1 Zitrone
1 TL Gelatinepulver
3 EL Orangenlikör
Minzezweige, zum Dekorieren

1 Eine ofenfeste Puddingform (850 ml) mit Öl einfetten, gut abtropfen lassen, in den Kühlschrank stellen. Schokolade im Wasserbad unter Rühren schmelzen. Vom Herd nehmen.

2 Die Form aus dem Kühlschrank nehmen und die geschmolzene Schokolade hineingießen. Schwenken, bis die gesamte Innenseite bedeckt ist. Form auf eine dicke Schicht zerstoßenes Eis setzen, weiter schwenken, bis die Schokolade fest wird. Zurück in den Kühlschrank stellen.

2

3 In eine kleine, ofenfeste Schüssel 3 EL Orangensaft gießen, den Rest in einen Topf. Wasser, Zucker, Orangenschale sowie Zitronensaft und -schale zugeben. Bei schwacher Hitze rühren, bis der Zucker aufgelöst ist, dann bei stärkerer Hitze aufkochen. Vom Herd nehmen.

3

4 Gelatine in den beiseite gestellten Orangensaft streuen, 2 Minuten einweichen, dann im Wasserbad erwärmen und auflösen. Gelatine und Likör in den Orangensaftsirup rühren. In einem Gefrierbehälter 30 Minuten einfrieren, bis das Sorbet körnig ist.

5 Sorbet aus dem Gefrierschrank nehmen, in einer Schüssel gründlich durchrühren, um die Eiskristalle zu zerkleinern. Zurück in den Gefrierbehälter geben und 1 weitere Stunde tiefkühlen. Den Vorgang noch dreimal wiederholen.

5

6 Das Sorbet herausnehmen und gut durchrühren. Die Puddingform aus dem Kühlschrank nehmen und das Sorbet hineinfüllen. Über Nacht einfrieren. Das Sorbet vor dem Servieren aus der Form stürzen und mit frischen Minzezweigen dekorieren.

Mandelkuchen mit weißer Schokolade

Für 8 Personen

TEIG

150 g Mehl

25 g Zucker

125 g Butter, in kleinen Stücken

1 EL Wasser

FÜLLUNG

150 g heller Sirup

50 g Butter

75 g brauner Zucker

3 Eier, leicht verquirlt

100 g geschälte Mandeln, grob gehackt

100 g weiße Schokolade, grob gehackt

Schlagsahne, zum Servieren (nach Belieben)

1 Für den Teig Mehl und Zucker in eine Schüssel geben. Die Butter mit den Fingern in der Mischung verreiben. Wasser zufügen und zu einem weichen Teig verarbeiten. Den Teig in Frischhaltefolie wickeln und 30 Minuten kalt stellen.

2 Den Teig auf einer leicht bemehlten Arbeitsfläche ausrollen und in eine Springform (24 cm Ø) einpassen. Mit einer Gabel einstechen und erneut 30 Minuten kalt stellen. Dann mit Backpapier und Backbohnen bedecken und bei 190 °C im vorgeheizten Backofen 15 Minuten blind backen. Papier und Bohnen entfernen und den Teig weitere 15 Minuten backen.

3 Für die Füllung Sirup, Butter und Zucker in einem kleinen Topf erhitzen, bis sich der Zucker aufgelöst hat. Vom Herd nehmen und leicht abkühlen lassen. Eier, Mandeln und Schokolade einrühren.

4 Die Mischung auf den Kuchenboden geben. 30–35 Minuten backen, bis die Füllung fest geworden ist. Den fertigen Kuchen etwas abkühlen lassen, dann aus der Form nehmen und nach Belieben mit Schlagsahne servieren.

2

3

Schoko-Birnen-Torte

Für 8 Personen

BODEN
120 g Mehl
1 Prise Salz
2 EL Zucker
120 g Butter, gewürfelt
1 Eigelb
1 EL Zitronensaft

BELAG
120 g Zartbitter-Schokolade
4 Birnen
125 g Schlagsahne
1 Ei und 1 zusätzliches Eigelb
2 Tropfen Bittermandelaroma
3 EL Zucker

1 Boden: Mehl und Salz in eine Schüssel sieben. Zucker und Butter zugeben und mit den Knethaken des Handrührgeräts oder mit 2 Gabeln gut vermengen. Eigelb und Zitronensaft unterkneten. Aus dem Teig eine Kugel formen, in Frischhaltefolie wickeln und 30 Minuten kühlen.

2 Backofen auf 200 °C vorheizen. Teig auf einer bemehlten Arbeitsfläche ausrollen und eine Obstkuchenform von 25 cm Ø damit auskleiden. Schokolade reiben und auf dem Tortenboden verteilen. Birnen schälen, längs halbieren, entkernen. Jede Birnenhälfte mehrfach längs einschneiden und die Spalten etwas auffächern. Mit einem Spachtel auf dem Tortenboden verteilen.

3 Sahne, Ei, Eigelb und Bittermandelaroma miteinander verquirlen und über die Birnen gießen. Die Torte mit Zucker bestreuen.

4 Die Torte 10 Minuten im vorgeheizten Backofen backen, dann auf 180 °C herunterschalten und weitere 20 Minuten backen, bis die Birnen zu bräunen beginnen und der Belag fest wird. Abkühlen lassen und mit Minzezweigen dekoriert servieren.

Schoko-Pecan-Torte

Für 10 Personen

BODEN

280 g Mehl

6 EL Kakaopulver

120 g Puderzucker

1 Prise Salz

200 g Butter, gewürfelt

1 Eigelb

BELAG

90 g Zartbitter-Schokolade, in kleinen Stücken

350 g Pecannüsse

85 g Butter

175 g brauner Zucker

3 Eier

2 EL Crème double

2 EL Mehl

1 EL Puderzucker, zum Bestäuben

1 Mehl, Kakao, Zucker und Salz in eine Schüssel sieben, eine Mulde in die Mitte drücken. Butter und Eigelb hineingeben. Trockenzutaten nach und nach von außen untermischen. Durchkneten und zu einer Kugel formen. In Frischhaltefolie gewickelt 1 Stunde in den Kühlschrank stellen.

2 Teig auswickeln, auf einer mit Mehl bestäubten Arbeitsfläche ausrollen. Eine beschichtete Obstkuchenform von 25 cm Ø damit auskleiden. Teig mehrfach mit einer Gabel einstechen. Den Backofen auf 180 °C vorheizen. Den Teig mit Backpapier bedecken und mit Trockenerbsen beschweren. Im vorgeheizten Ofen 15 Minuten backen. Herausnehmen, Erbsen und Backpapier entfernen und den Tortenboden abkühlen lassen.

3 Belag: Schokolade im Wasserbad unter Rühren schmelzen. Vom Herd nehmen und beiseite stellen. 225 g Pecannüsse grob hacken und beiseite stellen. Butter mit 55 g braunem Zucker verrühren. Die Eier einzeln unterrühren, dann den übrigen braunen Zucker zugeben und gut verrühren. Crème double, Mehl, geschmolzene Schokolade und die gehackten Pecannüsse unterheben.

4 Belag auf dem Tortenboden verteilen. Die übrigen Pecannüsse halbieren und im Kreis auf die Torte verteilen.

5 Im vorgeheizten Backofen 30 Minuten backen, dann mit Alufolie abdecken und weitere 25 Minuten backen. Torte etwas abkühlen lassen, aus der Form lösen und auf einem Kuchengitter vollständig auskühlen lassen. Mit Puderzucker bestäuben.

Mississippi Mud Pie

Für 8 Personen

225 g Mehl
30 g Kakaopulver
150 g Butter
30 g Zucker
2 EL kaltes Wasser
FÜLLUNG
175 g Butter
350 g brauner Zucker
4 Eier, leicht verquirlt
4 EL Kakaopulver, gesiebt
150 g Zartbitter-Schokolade
300 g Schlagsahne
DEKORATION
400 g Sahne, geschlagen
Schokoladenspäne (s. S. 7)

1 Für den Teig Mehl und Kakaopulver in eine Schüssel sieben und die Butter in Flöckchen zugeben. Mit den Fingern verreiben, bis die Mischung krümelig ist. Zucker und kaltes Wasser einarbeiten, bis ein weicher Teig entsteht.

2 Den Teig auf einer leicht bemehlten Arbeitsfläche ausrollen und eine Auflauf- oder Springform (26 cm Ø) damit auskleiden. Mit Backpapier abdecken und mit getrockneten Erbsen beschweren. Im vorgeheizten Backofen bei 190 °C 15 Minuten blind backen. Erbsen und Papier entfernen und noch einmal 10 Minuten backen.

3 Für die Füllung Butter und Zucker zu einer hellen, schaumigen Masse schlagen, unter ständigem Rühren nach und nach die Eier und das Kakaopulver zugeben. Die Schokolade im Wasserbad schmelzen und mit der Sahne in die Mischung einrühren.

4 Füllung auf den Teig gießen und bei 170 °C 45 Minuten backen, bis sie fest ist.

5 Den Pie abkühlen lassen, dann auf eine Kuchenplatte heben und die geschlagene Sahne darauf verteilen. In den Kühlschrank stellen.

6 Den Mud Pie mit Schokoladenspänen dekorieren und kalt servieren.

Weiße Schokoschaumspeise

Für 6 Personen

125 g weiße Schokolade, in Stücke gebrochen
250 g Crème double
3 EL Crème fraîche
2 Eier, getrennt
3 EL Wasser
1 ½ TL Gelatinepulver
140 g Erdbeeren, in Scheiben
140 g Himbeeren
140 g schwarze Johannisbeeren
5 EL Zucker
125 ml Himbeerlikör
12 Johannisbeerblätter

1 Schokolade im Wasserbad unter Rühren schmelzen. Glatt rühren, vom Herd nehmen und beiseite stellen.

2 Die Crème double in einen Topf geben, bei schwacher Hitze bis knapp unter den Siedepunkt erwärmen. Vom Herd nehmen, mit der Crème fraîche unter die Schokolade rühren. Etwas abkühlen lassen. Zuerst das eine, dann das zweite Eigelb unterrühren.

3 Das Wasser in eine kleine ofenfeste Schüssel geben. Die Gelatine hineinstreuen. 2–3 Minuten stehen lassen, dann im Wasserbad bei schwacher Hitze auflösen. Unter die Schokoladenmasse heben und diese ruhen lassen, bis sie fast fest ist.

4 Innenseiten von 6 Becherförmchen, kleinen Auflaufförmchen, Tassen o. Ä. mit Öl einpinseln und die Böden mit Backpapier auslegen. Eiweiß halbsteif schlagen und unter die Schokoladenmasse heben. Schokoladenmasse in die Förmchen verteilen und glatt streichen. Mit Frischhaltefolie abdecken und im Kühlschrank 2 Stunden fest werden lassen.

5 Erdbeeren, Himbeeren und Johannisbeeren in eine Schüssel geben und mit dem Zucker bestreuen. Den Likör zugießen und vorsichtig unterrühren. Mit Frischhaltefolie abgedeckt 2 Stunden kühlen.

6 Die Schaumspeise vor dem Servieren mit einem Messer vorsichtig rundum von den Förmchen lösen und auf Portionsteller stürzen. Beerenmischung auf die Teller verteilen und mit Johannisbeerblättern dekorieren.

Schokosorbet

Für 6 Personen

280 g Zartbitter-Schokolade, grob gehackt
450 ml Wasser
200 g Zucker
Katzenzungen, zum Servieren

1 Die Schokolade in der Küchenmaschine sehr fein zermahlen.

2 Das Wasser in einen Topf gießen und den Zucker zugeben. Bei mittlerer Hitze den Zucker auflösen, dann aufkochen. 2 Minuten ohne Rühren kochen lassen und vom Herd nehmen.

3 Den heißen Zuckersirup bei laufender Küchenmaschine zur Schokolade gießen. Küchenmaschine ca. 2 Minuten weiterlaufen lassen, bis die Schokolade geschmolzen und eine glatte Masse entstanden ist. Die Schokolade von den Wänden des Behälters abstreifen. Schokoladenmasse durch ein Sieb in einen Gefrierbehälter gießen und abkühlen lassen.

4 Die abgekühlte Schokoladenmasse ca. 1 Stunde in den Gefrierschrank stellen, bis sie körnig und an den Rändern fest ist. Zurück in die Küchenmaschine geben und rühren, bis die Masse wieder glatt ist. Erneut in den Gefrierbehälter geben und mindestens 2 Stunden im Gefrierschrank fest werden lassen.

5 Das Sorbet ca. 10 Minuten vor dem Servieren aus dem Gefrierschrank nehmen und bei Zimmertemperatur kurz ruhen lassen, damit es etwas weicher wird. In Portionsschälchen mit ein paar Katzenzungen dekoriert servieren.

1

3

3

Schoko-Honig-Eis

Für 6 Personen

500 ml Milch

200 g Zartbitter-Schokolade, in Stücke gebrochen

4 Eier, getrennt

80 g Zucker

1 Prise Salz

2 EL klarer Honig

12 frische Erdbeeren, gewaschen und entstielt

2

3

4

1 Die Milch in einen Topf geben, 150 g Schokolade zugeben und bei mittlerer Hitze 3–5 Minuten rühren, bis die Schokolade geschmolzen ist. Vom Herd nehmen.

2 Das Eigelb in einer Schüssel mit dem Zucker (bis auf 1 EL) schaumig rühren. Die Schokoladenmischung portionsweise unterrühren. In einen sauberen Topf geben und bei schwacher Hitze unter ständigem Rühren erwärmen, bis die Masse glatt und dickflüssig ist. Vom Herd nehmen und vollständig abkühlen lassen. Mit Frischhaltefolie bedeckt 30 Minuten in den Kühlschrank stellen.

3 Eiweiß mit dem Salz halbsteif schlagen. Nach und nach den restlichen Zucker zugeben und weiter schlagen, bis ein steifer, glänzender Eischnee entsteht. Die Schokoladenmasse aus dem Kühlschrank nehmen. Zuerst den Honig unterrühren, dann den Eischnee mit einem Metalllöffel unterheben.

4 Die Masse in 6 gefrierschranktaugliche Förmchen füllen und mindestens 4 Stunden in den Gefrierschrank geben, bis sie vollständig durchgefroren ist. Inzwischen die restliche Schokolade im Wasserbad unter Rühren schmelzen, die Erdbeeren jeweils zur Hälfte hineintauchen und auf Backpapier legen, bis die Schokoglasur fest ist. Eiscreme 10 Minuten vor dem Servieren aus dem Gefrier- in den Kühlschrank stellen. Dann auf Portionsteller stürzen und mit den Erdbeeren dekorieren.

Marshmallow-Eiscreme

Für 4 Personen

90 g Zartbitter-Schokolade, in Stücke gebrochen

175 g weiße Marshmallows

150 ml Milch

300 g Crème double

1 Schokolade und Marshmallows mit der Milch in einem Topf bei sehr schwacher Hitze unter Rühren schmelzen. Vom Herd nehmen und vollständig abkühlen lassen.

2 Crème double halbsteif schlagen, dann mit einem Metalllöffel unter die kalte Schokoladenmasse heben. In eine Kastenform gießen und mindestens 2 Stunden im Gefrierschrank fest werden lassen (hält sich tiefgefroren bis zu 1 Monat). Mit frischem Obst servieren.

Schoko-Nuss-Parfaits

Für 6 Personen

180 g Haselnusskerne, geschält
180 g Zartbitter-Schokolade, in kleinen Stücken
600 g Crème double
3 Eier, getrennt
250 g Puderzucker
1 EL Kakaopulver, zum Bestäuben
6 frische Minzezweige, zum Dekorieren
Waffelgebäck, zum Servieren

1 Haselnüsse auf einem Backblech verteilen und bei mittlerer Hitze auf der obersten Backofenschiene ca. 5 Minuten rösten (dabei das Blech gelegentlich schütteln), bis sie rundum goldbraun sind. Abkühlen lassen.

2 Schokolade im Wasserbad unter Rühren schmelzen, vom Herd nehmen und abkühlen lassen. Geröstete Haselnüsse in der Küchenmaschine fein zermahlen.

3 Die Crème double steif schlagen, die Haselnüsse unterheben und beiseite stellen. Eigelb mit 3 Esslöffeln Zucker ca. 10 Minuten schaumig rühren.

4 Eiweiß in einer sauberen Schüssel halbsteif schlagen. Nach und nach den restlichen Zucker zugeben und zu einem steifen Eischnee schlagen. Die Schokolade unter die Eigelbmasse rühren, die Crème double und dann den Eischnee unterheben. Die Masse in 6 gefrierschranktaugliche Förmchen füllen, mit Frischhaltefolie abdecken und mindestens 8 Stunden, besser aber über Nacht einfrieren.

5 Die Parfaits ca. 10 Minuten vor dem Servieren in den Kühlschrank stellen, damit sie weicher werden. Auf Portionsteller stürzen, mit Kakaopulver bestäuben, mit Minzezweigen dekorieren und mit Waffelgebäck servieren.

Minze-Schoko-Eis

Für 4 Personen

6 große Eier
150 g Zucker
300 ml Milch
150 g Crème double
1 Hand voll frische Minzeblätter, gewaschen und trockengetupft
2 Tropfen grüne Lebensmittelfarbe (nach Belieben)
60 g Bitterschokoiade, fein gehackt

1 Eier und Zucker in einer großen Schüssel mit dem elektrischen Handrührgerät cremig rühren.

2 Milch und Crème double in einem Topf unter Rühren erhitzen, bis

die Flüssigkeit an den Rändern Blasen wirft. Die Ei-Zucker-Mischung unter ständigem Rühren zugießen. In eine Schüssel geben, den Topf auswaschen und die Hitze reduzieren.

3 Die Mischung wieder in den Topf geben und unter ständigem Rühren köcheln, bis sie so fest ist, dass sie am Löffel haften bleibt und sich mit dem Finger teilen lässt.

4 Die Minzeblätter zupfen und in die Eiercreme rühren. Vom Herd nehmen, abkühlen lassen und mindestens 2 Stunden ruhen lassen. Dann 30 Minuten in den Kühlschrank stellen.

5 Die Mischung durch ein feines Sieb gießen, um die Minze zu entfernen. Nach Belieben Lebensmittelfarbe einrühren. 20 Minuten in eine Eismaschine geben und die Schokolade

zufügen, sobald die Mischung fest und fast gefroren ist.

6 Das Eis in einen Gefrierbehälter füllen, die Oberfläche glätten und mit Frischhalte- oder Alufolie abdecken. Tiefgefroren ist das Eis bis zu 3 Monaten haltbar. 20 Minuten vor dem Servieren im Kühlschrank weich werden lassen.

Schoko-Reis-Dessert

Für 8 Personen

100 g weißer Langkornreis
1 Prise Salz
600 ml Milch
100 g Zucker
200 g Vollmilch- oder Zartbitter-Schokolade, gehackt
4 EL Butter, gewürfelt
5 Tropfen Vanillearoma
2 EL Weinbrand
180 g Schlagsahne, geschlagen

DEKORATION
Sahne, geschlagen
Schokospäne (s. S. 7)

VARIATION

Um das Dessert zu stürzen, 1 Päckchen Gelatine in 50 ml Wasser einweichen, dann sanft erhitzen und auflösen. Die Gelatine vor dem Unterheben der Sahne einrühren. Die Masse in eine kalt ausgespülte Form füllen, erstarren lassen und stürzen.

1 Wasser zum Kochen bringen. Den Reis einstreuen und das Salz zugeben. Die Hitze reduzieren und 15–20 Minuten köcheln, bis der Reis gerade gar ist. Abgießen, abspülen und abtropfen lassen.

2 Milch und Zucker in einem großen Topf bei mittlerer Hitze unter Rühren erwärmen, bis sich der Zucker auflöst. Schokolade und Butter zugeben und unter Rühren gut vermengen.

3 Den Reis unterrühren und die Hitze reduzieren. Den Deckel auflegen und 30 Minuten köcheln, bis die Milch absorbiert und die Mischung eingedickt ist. Vanillearoma und Weinbrand einrühren. Vom Herd nehmen. Abkühlen lassen.

4 Die Sahne halbsteif schlagen. 1 gehäuften Esslöffel Sahne unter den Schokoladenreis heben, um ihn aufzulockern. Dann die restliche Sahne unterheben.

5 In Portionsgläser füllen, abdecken und 2 Stunden kalt stellen. Mit Schlagsahne und Schokoladenspänen dekorieren. Gekühlt servieren.

Zuccotto

Für 8 Personen

600 g Crème double
2 EL Puderzucker
60 g Haselnüsse, leicht geröstet
225 g Kirschen, halbiert und entsteint
120 g Zartbitter-Schokolade, fein gehackt
2 runde Schokobiskuitkuchen von etwa 20 cm Ø
4 EL Weinbrand
4 EL Amaretto
2 EL Puderzucker und 2 EL Kakaopulver, zum Bestäuben

2

3

1 Crème double in einer großen Schüssel steif schlagen. Zucker, Haselnüsse, Kirschen und Schokolade unterheben. Bis zur weiteren Verwendung mit Frischhaltefolie abgedeckt in den Kühlschrank stellen.

2 Biskuitkuchen horizontal zweimal durchschneiden. Aus zwei Kuchenscheiben passende Stücke schneiden, um damit eine 1,2-l-Puddingform komplett auszukleiden. Die verbleibende Kuchenscheibe beiseite legen. Weinbrand und Amaretto mischen und den Biskuitteig in der Puddingform damit gleichmäßig beträufeln.

3 Creme aus dem Kühlschrank nehmen und in die Puddingform füllen. Die Form mit der verbleibenden Kuchenplatte bedecken (falls nötig, passend schneiden). Mit Frischhaltefolie abgedeckt mindestens 2 Stunden oder bis zum Servieren in den Kühlschrank stellen.

4 Puderzucker und Kakaopulver in zwei Schüsseln sieben. Zuccotto aus dem Kühlschrank nehmen und mit einem Messer rundum vorsichtig von der Form lösen. Dann auf eine Servierplatte stürzen. Rundum abwechselnd mit Puderzucker und mit Kakaopulver bestäuben.

Zuccherini

Für 6 Personen

180 g Zartbitter-Schokolade, in Stücke gebrochen

10 Amarettini, zerbröselt

MOUSSE

60 g Zartbitter-Schokolade, in Stücke gebrochen

1 EL starker schwarzer Kaffee, kalt

2 Eier, getrennt

2 TL Orangenlikör

150 g Crème double, 2 EL Kakaopulver und 6 Schoko-Kaffeebohnen, zum Dekorieren

1 Zur Herstellung der Schokoförmchen die Schokolade im Wasserbad unter Rühren schmelzen, bis die Masse glatt, aber nicht zu dünnflüssig ist. Vom Herd nehmen. 12 Pralinenmanschetten aus Papier innen gleichmäßig mit geschmolzener Schokolade einpinseln. Pralinenmanschetten mindestens 8 Stunden oder über Nacht in den Kühlschrank stellen.

2 Mousse: Schokolade mit dem Kaffee im Wasserbad unter Rühren schmelzen. Vom Herd nehmen. Leicht abkühlen lassen, dann das Eigelb und den Likör unterrühren.

3 Eiweiß in einer separaten Schüssel zu steifem Eischnee schlagen. Dann mit einem Metalllöffel vorsichtig unter die Schokomousse heben. Abkühlen lassen.

4 Die Schokoförmchen aus dem Kühlschrank nehmen und vorsichtig aus den Papiermanschetten lösen. Die zerbröselten Amarettini gleichmäßig in die Schokoförmchen verteilen und mit der Schokomousse bedecken. Noch einmal mindestens 30 Minuten kühlen. Unmittelbar vor dem Servieren die Crème double steif schlagen und in einen Spritzbeutel mit Sterntülle geben. 1 Klecks Crème auf jedes Schokoförmchen spritzen. Die Hälfte der Zuccherini mit Kakao bestäuben, die übrigen mit den Schoko-Kaffeebohnen dekorieren.

1

4

Knusperteignester

Für 4 Personen

20 g Butter

6 Filo-Teigplatten, je etwa 30 cm x 15 cm groß

40 g Zartbitter-Schokolade, in Stücke gebrochen

120 g Ricotta

16 kernlose grüne Trauben, halbiert

24 kernlose blaue Trauben, halbiert

1 Butter in einem kleinen Topf bei schwacher Hitze zerlassen. Vom Herd nehmen. Backofen auf 190 °C vorheizen. Jede Teigplatte in 4 Stücke schneiden, sodass 24 Rechtecke von je etwa 15 cm x 7,5 cm entstehen. Alle aufeinander stapeln. 4 flache Torteletteförmchen mit zerlassener Butter einpinseln. 1 Förmchen mit 1 Teigrechteck auslegen, dieses mit zerlassener Butter bestreichen, 1 weiteres Teigrechteck leicht versetzt auf das erste legen. So fortfahren, bis jedes Förmchen mit 6 Teigrechtecken ausgelegt und jedes mit zerlassener Butter bestrichen ist. Die obersten Lagen der Teignester ebenfalls mit Butter bestreichen.

2 Im vorgeheizten Backofen ca. 7–8 Minuten knusprig goldbraun backen. Teignester aus dem Ofen nehmen und in den Förmchen abkühlen lassen.

3 Schokolade im Wasserbad unter Rühren schmelzen. Vom Herd nehmen und etwas abkühlen lassen. Die Innenseiten der Teignester mit etwa der Hälfte der geschmolzenen Schokolade bestreichen. Den Ricotta glatt rühren und die restliche Schokolade unterheben.

4 Die Schokoladen-Ricotta-Creme gleichmäßig auf die Teignester verteilen. Grüne und blaue Trauben abwechselnd rund um den Rand legen. Die Teignester vorsichtig aus den Förmchen heben und sofort servieren.

Schokoladen-Pernod-Creme

Für 4 Personen

55 g Zartbitter-Schokolade, in Stücke gebrochen
250 ml Milch
300 g Crème double
2 EL Zucker
1 EL Pfeilwurzmehl, in 2 EL Milch aufgelöst
3 EL Pernod
Katzenzungen oder Waffelröllchen, zum Servieren

1 Schokolade im Wasserbad unter Rühren schmelzen. Vom Herd nehmen und etwas abkühlen lassen.

2 Milch und Crème double in einen Topf geben und unter gelegentlichem Rühren bis knapp unter den Siedepunkt erwärmen. Vom Herd nehmen und beiseite stellen.

3 Zucker mit der Pfeilwurzmischung unter die geschmolzene Schokolade rühren. Nach und nach die heiße Milchcreme und dann den Pernod unterrühren. Dann im Wasserbad bei schwacher Hitze unter ständigem Rühren 10 Minuten erwärmen, bis die Creme dickflüssig und glatt ist. Vom Herd nehmen und abkühlen lassen.

4 Die Schokoladen-Pernod-Creme in 4 Portionsgläser füllen, mit Frischhaltefolie abdecken und 2 Stunden in den Kühlschrank stellen. Dann mit Katzenzungen oder Waffelröllchen servieren.

2

3

3

Kleingebäck

Dieses Kapitel präsentiert eine faszinierende Auswahl verlockender Kleinigkeiten für große und kleine Schokoladenfans. Schokoplätzchen zum Kaffee, als kleiner Snack zwischendurch oder als passende Ergänzung zum Nachtisch, machen jeden Tag zu einem besonderen Tag. Kleingebäck ist in der Regel rasch und einfach zubereitet und kann nach Belieben mit mehr oder weniger aufwändigen Verzierungen versehen werden.

Hier finden Sie Rezepte für beliebte Klassiker wie Rum-Schoko-Babas und Pain au chocolat, Schachbrettkekse und Creme-Brownies neben jungen Kreationen wie Schoko-Kokos-Schnitten und Malz-Schoko-Ecken. Auch traditionelles Teegebäck wird durch Schokolade noch verführerischer – probieren Sie nur Schokohütchen oder Schoko-Hafer-Happen.

Rum-Schoko-Babas

Für 4 Personen

100 g Mehl
25 g Kakaopulver
6 g Trockenhefe
1 Prise Salz
1 TL Zucker
40 g Zartbitter-Schokolade, gerieben
2 Eier
3 EL lauwarme Milch
50 g Butter, zerlassen

SIRUP
4 EL klarer Honig
2 EL Wasser
4 EL Rum

ZUM SERVIEREN
Sahne, geschlagen
Kakaopulver, zum Bestäuben
frische Früchte (nach Belieben)

1 Vier Mini-Savarin-Formen einfetten. Mehl und Kakaopulver in eine angewärmte Rührschüssel sieben, Hefe, Salz, Zucker und Schokolade zugeben. Die Eier verquirlen, Milch und Butter zugeben und gut verrühren.

2 Eine Vertiefung in die Mitte der trockenen Zutaten drücken, die Eimischung zugießen und gut verrühren. Etwa 10 Minuten weiterrühren, am besten mit einem Handrührer mit Knethaken. Den Teig auf die Backformen verteilen – sie sollten etwa halb gefüllt werden.

2

2

3 Die Backformen auf ein Backblech stellen und mit einem feuchten Küchentuch abdecken. An einem warmen Ort gehen lassen, dann im vorgeheizten Backofen bei 200 °C 15 Minuten backen.

3

4 Die Zutaten für den Sirup in einem Topf erhitzen. Die Babas auf ein Kuchengitter stürzen, das auf einem Backblech ruht. Den Sirup über die Küchlein träufeln und 2 Stunden ziehen lassen. Dabei von Zeit zu Zeit den heruntergetropften Sirup wieder über die Kuchen löffeln.

5 Zum Servieren die Babas mit Schlagsahne füllen und mit Kakaopulver bestäuben. Nach Belieben frisches Obst dazu reichen.

Creme-Brownies

Ergibt 16 Stück

200 g Frischkäse
2–3 Tropfen Vanillearoma
250 g Zucker
2 Eier
100 g Butter
3 EL Kakaopulver
100 g Mehl, gesiebt
1 TL Backpulver
50 g Pecannüsse, gehackt

GLASUR
50 g Butter
1 EL Milch
100 g Puderzucker
2 EL Kakaopulver

1 Eine quadratische 20-cm-Backform leicht mit Fett einpinseln und den Boden mit Backpapier auslegen.

2 Frischkäse, Vanillearoma und 25 g Zucker glatt rühren und beiseite stellen.

2

3 Die Eier mit dem restlichen Zucker 10 Minuten schaumig schlagen, bis die Eimasse steife Spitzen bildet. Butter und Kakaopulver unter ständigem Rühren im Wasserbad erhitzen und die Mischung unter die Eimasse heben, dann Mehl, Backpulver und Nüsse zugeben und gut verrühren.

3

4 Die Hälfte des Teigs in die Backform geben und glatt streichen. Die Frischkäsemischung vorsichtig darauf verteilen, dann den restlichen Teig darüber geben. Im vorgeheizten Backofen bei 180 °C 40–45 Minuten backen. In der Form abkühlen lassen.

4

5 Für die Glasur Butter und Milch erhitzen und mit Puderzucker und Kakaopulver glatt rühren. Den Kuchen mit der Glasur überziehen und nach Belieben mit Pecannüssen dekorieren. Zum Servieren in 16 kleine Quadrate schneiden.

VARIATION

Sie können den Frischkäse auch weglassen und statt der Pecannüsse Walnüsse verwenden.

Pain au chocolat

Ergibt 12 Stück

450 g Mehl
½ TL Salz
6 g Trockenhefe
30 g festes Pflanzenfett
1 Ei, leicht verquirlt
225 ml lauwarmes Wasser
180 g weiche Butter
1 Ei, verquirlt, zum Einpinseln
100 g Zartbitter-Schokolade, in 12 Stücke gebrochen
Puderzucker, zum Bestäuben

1 Ein Backblech leicht einfetten. Mehl und Salz in eine Schüssel sieben und die Hefe einrühren. Das Fett einarbeiten. Das Ei und etwas Wasser zugeben. Zu einem glatten und elastischen Teig kneten.

2 Den Teig zu einem 38 cm x 20 cm großen Rechteck ausrollen. Die Butter dritteln. 1 Drittel in kleinen Flöckchen über 2 Drittel des Teiges verteilen.

3 Den Teig von der Schmalseite aus zusammenfalten – dabei zuerst den butterfreien Teil zur Mitte hin klappen, dann das andere Ende darüber legen. Die Kanten mit dem Nudelholz zusammendrücken. Die Teigtaschen um 90° drehen, sodass sie mit der Schmalseite wieder zu Ihnen zeigen. Erneut ausrollen und zusammenfalten, dann in Klarsichtfolie wickeln und 30 Minuten kalt stellen.

4 Arbeitsschritte 2 und 3 wiederholen, bis die Butter aufgebraucht ist. Den Teig zwischendurch immer wieder kalt stellen. Noch zweimal ausrollen und zusammenfalten und 30 Minuten kalt stellen.

5 Den Teig zu einem Rechteck ausrollen und dieses halbieren. Jede Hälfte in 6 Rechtecke schneiden und mit Ei einpinseln. 1 Schokoladenstück auf 1 Ende jedes Teigstücks legen und dieses zu einer Rolle formen. Die Enden gut zusammendrücken und auf das Backblech legen. Zugedeckt an einem warmen Ort 40 Minuten gehen lassen. Mit Ei einpinseln und im vorgeheizten Backofen bei 220 °C 20–25 Minuten backen. Abkühlen lassen, mit Puderzucker bestäuben und servieren.

1

2

3

Schoko-Sahne-Taschen

Für 6 Personen

2 Eier

50 g Zucker

50 g Mehl

1½ EL Kakaopulver

4 EL Aprikosenmarmelade

150 g Sahne, geschlagen

Puderzucker, zum Bestäuben

1 Zwei Backbleche mit Backpapier auslegen. Eier und Zucker schaumig schlagen, bis die Masse steife Spitzen bildet.

2 Mehl und Kakaopulver sieben und mit einem Metalllöffel vorsichtig unter die Ei-Zucker-Masse heben.

3 Den Teig esslöffelweise auf die Backbleche geben und jeweils zu ovalen Küchlein formen. Abstand halten, da sie beim Backen aufgehen.

4 Im vorgeheizten Backofen bei 220 °C 6–8 Minuten backen, bis die Küchlein beim Andrücken leicht nachgeben. Auf den Backblechen abkühlen lassen.

5 Die kleinen Kuchen vorsichtig vom Backpapier abziehen. Die flachen Seiten jeweils mit Marmelade bestreichen. Die Sahne in einen Spritzbeutel mit Sterntülle füllen und jeweils in die Mitte der Küchlein spritzen.

6 Die Küchlein in der Mitte einschlagen und vorsichtig auf eine Kuchenplatte heben. Mit Puderzucker bestäuben und servieren.

3

5

5

Schoko-Ecken

Ergibt 16 Stück

- 280 g Zartbitter-Schokolade
- 180 g Butter
- 4 EL heller Sirup
- 2 EL Rum (nach Belieben)
- 180 g Butterkekse
- 30 g Puffreis
- 50 g gehackte Nüsse (z. B. Walnüsse oder Pecannüsse)
- 100 g Belegkirschen, grob gehackt
- 30 g weiße Schokolade, zum Dekorieren

1 Schokolade, Butter, Sirup und eventuell Rum unter ständigem Rühren im Wasserbad erhitzen, bis sich die Zutaten gut verbunden haben.

2 Kekse in kleine Stücke brechen, mit Puffreis, Nüssen und Kirschen unter die Schokomasse rühren.

3 Eine quadratische Backform von 20 cm Seitenlänge mit Backpapier auslegen. Die Mischung hineingeben, glatt streichen und gut andrücken. 2 Stunden kalt stellen.

4 Weiße Schokolade schmelzen und über Kreuz über den Kuchen träufeln. Zum Servieren aus der Form heben und mit einem scharfen Messer in mundgerechte Ecken schneiden.

VARIATION

Verwenden Sie statt Rum einmal Orangenlikör oder Cognac. Auch Kirschwasser passt sehr gut zu diesem Rezept.

Schmetterling-Muffins

Ergibt 12 Stück

125 g weiche Margarine
125 g Zucker
150 g Mehl
1½ TL Backpulver
2 große Eier
2 EL Kakaopulver
30 g Zartbitter-Schokolade, geschmolzen

ZITRONEN-BUTTERCREME
100 g weiche Butter
225 g Puderzucker, gesiebt
geriebene Schale von ½ Zitrone
1 EL Zitronensaft
Puderzucker, zum Bestäuben

1 Die Vertiefungen einer Muffin-Form mit Papierkapseln auslegen. Alle Zutaten bis auf die geschmolzene Schokolade in einer großen Schüssel mit dem Handrührgerät zu einem weichen Teig verarbeiten. Die Schokolade sorgfältig unterrühren.

2 Die Papierkapseln mit dem Teig zu 2 Dritteln füllen. Im vorgeheizten Backofen bei 180 °C 15 Minuten backen, bis die Muffins auf Druck leicht nachgeben. Auf einem Kuchengitter abkühlen lassen.

3 Für die Zitronen-Buttercreme die Butter schaumig aufschlagen. Nach und nach den Puderzucker unterrühren. Zitronenschale und -saft zufügen und gut verrühren.

4 Von den kalten Muffins einen Deckel abschneiden und diesen längs halbieren.

5 Die Buttercreme auf den Muffins verteilen und die beiden Deckelhälften darauf wie Flügel anordnen. Mit Puderzucker bestäuben.

1

4

Schoko-Scones

Für 4 Personen

225 g Mehl, 2 TL Backpulver

60 g Butter

1 EL Zucker

50 g Schokolade, geraspelt

150 ml Milch

TIPP

Am besten schmecken die Scones ofenfrisch. Schneiden Sie sie auf und bestreichen Sie sie mit etwas Nuss-Nougat-Creme oder einem Klecks Schlagsahne.

1 Ein Backblech leicht einfetten. Mehl und Backpulver in eine Schüssel sieben und die Butter in Flöckchen zugeben. Mit den Fingern zu einem krümeligen Teig verreiben.

2 Zucker und Schokoraspel hinzugeben.

3 Mit Milch zu einem weichen Teig verrühren.

4 Den Teig auf einer leicht bemehlten Arbeitsfläche zu einem 12 cm x 12 cm großen, ca. 2,5 cm dicken Rechteck ausrollen und dieses in 9 Quadrate schneiden.

5 Die Scones mit genügend Abstand auf das Backblech legen.

6 Die Scones mit etwas Milch einpinseln und im vorgeheizten Backofen bei 220 °C 10–12 Minuten backen, bis sie aufgegangen und goldbraun sind.

1

2

4

Knusprige Puffreisbissen

Ergibt 16 Stück

HELLE SCHICHT

50 g Butter

1 EL heller Sirup

150 g weiße Schokolade, in Stücken

50 g Puffreis

DUNKLE SCHICHT

50 g Butter

2 EL heller Sirup

125 g Zartbitter-Schokolade, in Stücken

75 g Puffreis

TIPP

Die Puffreisbissen halten sich in Frischhaltefolie eingewickelt bis zu 4 Tagen im Kühlschrank.

1 Eine quadratische Backform von 20 cm Seitenlänge leicht mit Fett einpinseln und den Boden mit Backpapier auslegen.

2 Für die helle Schicht Butter, Sirup und weiße Schokolade vorsichtig unter ständigem Rühren im Wasserbad schmelzen.

3 Die Schüssel aus dem Topf nehmen und den Puffreis zugeben,

3

dabei rühren, bis alles gründlich vermischt ist.

4 Die Masse in die Backform geben und fest werden lassen.

5 Für die dunkle Schicht Butter, Sirup und Schokolade schmelzen.

6 Vom Herd nehmen und den Puffreis zugeben und gründlich verrühren. Auf die helle Puffreisschicht geben und in den Kühlschrank stellen, bis die Oberfläche fest ist.

6

7 Zum Servieren aus der Form heben und mit einem scharfen Messer in Quadrate schneiden.

7

Schoko-Kokos-Würfel

Ergibt 9 Stück

225 g Vollkorn-Schokoladenkekse
75 g Butter oder Margarine
170 ml Kondensmilch
1 Ei, verquirlt
5 Tropfen Vanillearoma
25 g Zucker
50 g Mehl, gesiebt
1/2 TL Backpulver
125 g Kokosraspel
50 g Zartbitter-Schokolade (nach Belieben)

1 Eine quadratische Backform von 20 cm Seitenlänge leicht einfetten und den Boden mit Backpapier auslegen.

1

2 Die Kekse in einem Gefrierbeutel mit einem Nudelholz oder in einer Küchenmaschine zerkleinern.

3

3 Butter oder Margarine zerlassen, die Kekskrümel gut unterrühren.

4 Die Mischung in die Backform füllen und fest andrücken.

5 Milch, Ei, Vanillearoma und Zucker zu einer glatten Masse verrühren. Mehl, Backpulver und Kokosraspel unterrühren. Über die Keksmischung geben und glatt streichen.

5

6 Im vorgeheizten Backofen bei 190 °C 30 Minuten backen, bis der Kokosbelag fest und goldbraun ist.

7 Fünf Minuten ruhen lassen, in Quadrate schneiden und abkühlen.

8 Die Kokoswürfel vorsichtig aus der Form nehmen und auf einer Kuchenplatte anrichten. Zartbitter-Schokolade (falls verwendet) schmelzen und über die Würfel sprenkeln. Vor dem Servieren fest werden lassen.

TIPP

Luftdicht verschlossen halten sich die Würfel bis zu 4 Tagen. Sie können bis zu 2 Monaten tiefgefroren werden. Bei Zimmertemperatur auftauen lassen.

Schoko-Eclairs

Ergibt 10 Stück

BRANDTEIG
150 ml Wasser
60 g Butter, in Flocken
90 g Mehl, gesiebt
2 Eier

CRÈME PÂTISSIÈRE
2 Eier, leicht verquirlt
50 g Zucker
2 EL Speisestärke
300 ml Milch
2 Tropfen Vanillearoma

GLASUR
25 g Butter
1 EL Milch
1 EL Kakaopulver
100 g Puderzucker
etwas weiße Schokolade, geschmolzen (nach Belieben)

1 Ein Backblech leicht einfetten. Wasser und Butter in einem Topf erhitzen. Wenn das Wasser sprudelnd kocht, vom Herd nehmen, das Mehl zugeben und mit dem Schneebesen kräftig schlagen, bis ein weicher Teig ensteht. Etwas abkühlen lassen, dann die Eier einrühren. In einen Spritzbeutel füllen.

2 Das Backblech mit Wasser besprenkeln. 7,5 cm lange Eclairs darauf spritzen, zwischen ihnen ausreichend Abstand lassen, da sie aufgehen. Im vorgeheizten Backofen bei 200 °C 30–35 Minuten backen. Die Eclairs seitlich aufschlitzen, damit der Dampf entweichen kann. Anschließend zum Abkühlen auf ein Kuchengitter setzen.

3 Für die Crème Pâtissière Eier und Zucker 10 Minuten aufschlagen, dann die Speisestärke unterheben. Die Milch fast aufkochen, dann unter Rühren zur Eimischung gießen. Die Mischung wieder in den Topf gießen und bei schwacher Hitze zu einer dicken Creme verrühren. Vom Herd nehmen und das Vanillearoma zugeben, mit Backpapier abdecken und abkühlen lassen.

4 Butter und Milch in einem Topf erhitzen, dann vom Herd nehmen und Kakaopulver und Puderzucker zugeben. Die Eclairs längs durchschneiden und mit der Crème Pâtissière füllen, anschließend die Glasur auftragen. Nach Belieben etwas flüssige weiße Schokolade auf die Glasur träufeln.

2

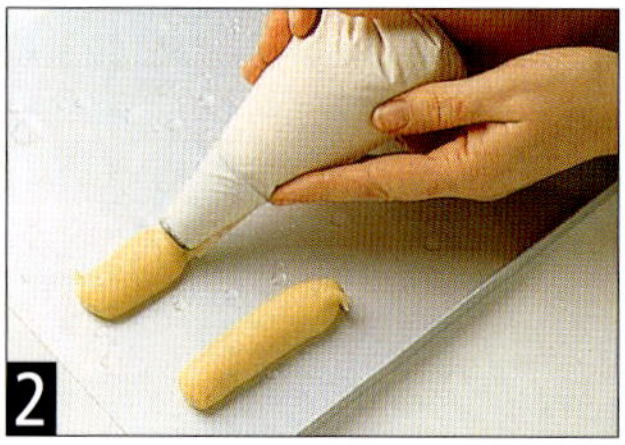
2

3

Schoko-Muffins

Ergibt 12 Stück

100 g weiche Margarine
225 g Zucker
2 große Eier
150 g Naturjoghurt
5 EL Milch
275 g Mehl
4 TL Backpulver
175 g Zartbitter-Schokolade, geraspelt

VARIATION

Mit diesem Teig können Sie auch 6 große oder 24 Mini-Muffins backen. Die Backzeit für die kleinen Muffins liegt bei 10 Minuten.

1 Die Vertiefungen einer Muffin-Form mit Papierkapseln auslegen.

2 Margarine und Zucker zu einer hellen, lockeren Masse verquirlen. Nach und nach Eier, Joghurt und Milch einrühren.

3 Mehl und Backpulver in die Mischung sieben und zu einem glatten Teig verrühren.

2

3

4

4 Schokoladenraspel unterrühren und den Teig auf die Förmchen verteilen. Im vorgeheizten Backofen bei 190 °C 25 Minuten backen.

5 Einige Minuten ruhen lassen, aus der Form nehmen und auf einem Kuchengitter abkühlen lassen.

Schokobiscotti

Ergibt 16 Stück

1 Ei

100 g Zucker

5 Tropfen Vanillearoma

125 g Mehl

1/2 TL Backpulver

1 TL gemahlener Zimt

50 g Bitterschokolade, grob gehackt

50 g Mandelsplitter, geröstet

50 g Pinienkerne

1 Ein großes Backblech leicht einfetten.

2 Eier, Zucker und Vanillearoma schaumig schlagen – der Teig sollte in Fäden herabtropfen.

3 Mehl, Backpulver und Zimt in eine zweite Schüssel sieben, dann in die Eiermischung sieben und vorsichtig unterrühren. Zuletzt Schokolade, Mandeln und Pinienkerne einrühren.

4 Den Teig auf einer leicht bemehlten Arbeitsfläche zu einer flachen, etwa 24 cm langen und 2 cm breiten Rolle formen. Diese auf das vorbereitete Backblech legen.

5 Bei 180 °C im vorgeheizten Backofen 20–25 Minuten goldbraun backen. Herausnehmen und etwa 5 Minuten abkühlen lassen.

6 Die Rolle auf ein Schneidebrett legen und mit einem Brotmesser schräg in etwa 1 cm dicke Scheiben schneiden. Diese erneut auf das Backblech legen und weitere 10–15 Minuten backen; nach der Hälfte der Zeit wenden.

7 Die fertigen Biscotti auf dem Blech 5 Minuten abkühlen lassen, dann auf ein Rost legen und vollständig auskühlen lassen.

3

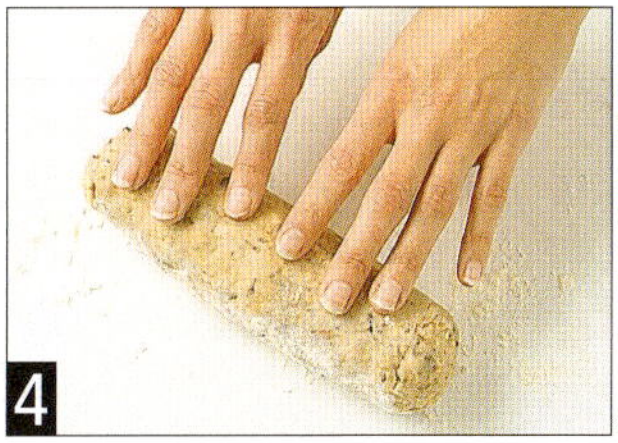

4

Schoko-Torteletts

Ergibt 6 Stück

50 g Haselnüsse, geröstet
150 g Mehl
1 EL Puderzucker
75 g weiche Margarine

FÜLLUNG
2 EL Speisestärke
1 EL Kakaopulver
1 EL Zucker
300 ml fettarme Milch
3 EL Nuss-Nougat-Creme
25 g Zartbitter-Schokolade, geraspelt
25 g Vollmilch-Schokolade, geraspelt
25 g weiße Schokolade, geraspelt

1 Die Nüsse in einer Küchenmaschine fein hacken. Mehl, Puderzucker und Margarine zugeben. Zu einer krümeligen Mischung verarbeiten. Mit 2–3 Esslöffeln Wasser zu einem glatten Teig kneten. Abdecken und 10 Minuten ins Tiefkühlfach stellen.

2 Den Teig flach ausrollen und 6 Tortelett-Förmchen damit auslegen. Den Teig mit einer Gabel einstechen und mit leicht geknüllter Alufolie abdecken. Im vorgeheizten Backofen bei 200 °C 15 Minuten backen. Die Folie abnehmen und weitere 5 Minuten knusprig und goldbraun backen. Abkühlen lassen.

3 Speisestärke, Kakaopulver und Zucker mit etwas Milch zu einer glatten Paste verrühren. Die restliche Milch einrühren. In einem Topf bei schwacher Hitze unter ständigem Rühren eindicken lassen. Die Nuss-Nougat-Creme sorgfältig unterrühren.

4 Die Schokoladenraspel mischen und 1 Viertel beiseite stellen. Die Hälfte der Schokoladenraspel unter die Creme rühren. Mit Backpapier abdecken und etwas abkühlen lassen, dann die zweite Hälfte der Raspel zugeben. Die Creme auf die Torteletts verteilen und abkühlen lassen. Mit den zurückbehaltenen Raspeln dekorieren und servieren.

Schoko-Orangen-Kekse

Ergibt 30 Stück

75 g weiche Butter
75 g Zucker
1 Ei
1 EL Milch
225 g Mehl
25 g Kakaopulver

GLASUR

175 g Puderzucker, gesiebt
3 EL Orangensaft
Zartbitter-Schokolade, geschmolzen

1 Zwei Backbleche mit Backpapier auslegen.

2 Butter und Zucker schaumig schlagen. Ei und Milch zufügen und gut verrühren. Mehl und Kakaopulver gesiebt mischen und nach und nach unterrühren. Mit den Händen zu einem glatten Teig verarbeiten.

3 Den Teig etwa 6 mm dick ausrollen. Mit einer großen runden Plätzchenform so viele Kekse wie möglich ausstechen. Die Reste verkneten, erneut ausrollen und noch weitere Kekse ausstechen.

4 Die Kekse auf die Backbleche verteilen und im vorgeheizten Backofen bei 180 °C 10–12 Minuten goldbraun backen.

5 Auf dem Blech einige Minuten ruhen lassen, dann auf einem Kuchengitter abkühlen lassen.

6 Puderzucker und Orangensaft in einer Schüssel zu einer dickflüssigen Creme verrühren. Auf die Kekse streichen und fest werden lassen. Mit geschmolzener Schokolade besprenkeln. Vor dem Servieren fest werden lassen.

Schoko-Karamell-Würfel

Ergibt 16 Stück

100 g weiche Margarine
50 g brauner Zucker
125 g Mehl
40 g Haferflocken

KARAMELLFÜLLUNG
25 g Butter
25 g brauner Zucker
200 ml Kondensmilch

BELAG
100 g Zartbitter-Schokolade
25 g weiße Schokolade

1 Eine quadratische 20-cm-Backform mit Backpapier auslegen. Margarine und Zucker schaumig schlagen, dann Mehl und Haferflocken einrühren. Den Teig, wenn nötig, zusätzlich mit den Händen kneten.

2 Den Teig in die Backform geben und mit den Händen glatt streichen.

3 Im vorgeheizten Backofen bei 180 °C 25 Minuten goldgelb backen. In der Form abkühlen lassen.

4 Für die Karamellfüllung die Zutaten unter ständigem Rühren in einem Topf erhitzen, bis eine glatte Masse entsteht. Bei schwacher Hitze langsam aufkochen und unter Rühren 3–4 Minuten köcheln, bis die Masse eingedickt ist.

5 Den Karamell auf den Biskuitboden gießen und fest werden lassen.

6 Die Zartbitter-Schokolade schmelzen und auf den Karamell gießen. Nach Belieben geschmolzene weiße Schokolade darüber träufeln und darin mit einem Holzspieß dekorative Linien ziehen. Fest werden lassen und zum Servieren in Würfel schneiden.

TIPP

Wenn Sie die Backform mit Backpapier auslegen, können Sie den Keksboden vor dem Zerschneiden im Ganzen herausheben.

Malz-Schoko-Ecken

Ergibt 16 Stück

- 100 g Butter
- 2 EL heller Sirup
- 2 EL Ovomaltine
- 225 g Butterkekse
- 75 g Vollmilch- oder Zartbitter-Schokolade, in kleinen Stücken
- 25 g Puderzucker
- 2 EL Milch

1 Eine Spring- oder Auflaufform (20 cm Ø) leicht mit Fett einpinseln und den Boden mit Backpapier auslegen.

2 Butter, Sirup und Ovomaltine unter vorsichtigem Erhitzen und ständigem Rühren in einem Topf gründlich vermischen.

2

3 Die Kekse in einen Gefrierbeutel geben und mit einem Nudelholz zerbröseln oder im Mixer zerkleinern. Die Brösel in die Buttermischung geben und gut verrühren.

3

4 Die Mischung in die Backform füllen, fest andrücken und in den Kühlschrank stellen, bis sie fest ist.

5 Schokolade, Puderzucker und Milch ganz langsam unter ständigem Rühren im Wasserbad erhitzen, bis eine glatte Masse entsteht.

6 Die Glasur auf den Keksboden gießen und abkühlen lassen. Zum Servieren mit einem scharfen Messer in Tortenstücke schneiden.

6

VARIATION

Sie können in Schritt 3 auch gehackte Pecannüsse zugeben.

Schachbrettkekse

Ergibt 18 Stück

180 g weiche Butter
80 g Puderzucker
5 Tropfen Vanillearoma oder geriebene Schale von ½ Orange
250 g Mehl
30 g Zartbitter-Schokolade
etwas Eiweiß, verquirlt

1 Ein Backblech leicht mit Fett einpinseln. Butter und Puderzucker schaumig schlagen. Vanillearoma oder Orangenschale unterrühren.

2 Nach und nach das Mehl zufügen und unterrühren. Mit den Händen zu einem glatten Teig verarbeiten.

3 Die Schokolade schmelzen, den Teig halbieren und die Schokolade in eine Hälfte des Teigs einarbeiten. Beide Teighälften abdecken und 30 Minuten kalt stellen.

4 Beide Teighälften jeweils 3 cm dick ausrollen und rechteckige Scheiben (8 cm x 20 cm) formen. Das eine Teigstück mit Eiweiß bepinseln und das andere darauf legen.

5 Den Teigblock längs halbieren und die eine Hälfte umdrehen. Die Seite einer Hälfte mit Eiweiß bestreichen und den Block zu einem Schachbrettmuster zusammensetzen.

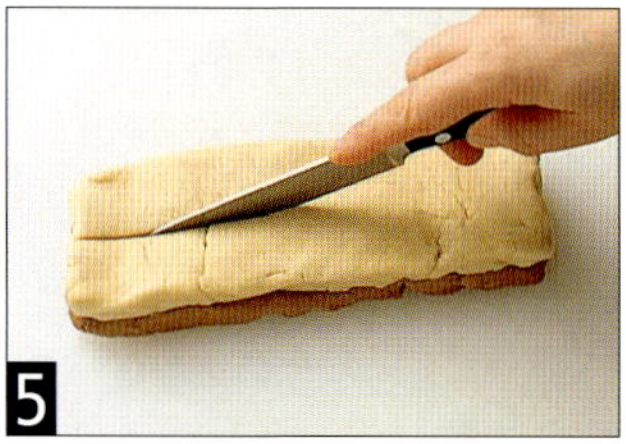

6 Den Block in dünne Scheiben schneiden und diese mit ausreichend Abstand zueinander auf das Backblech setzen.

7 Im vorgeheizten Backofen bei 180 °C 10 Minuten backen, bis die Kekse fest sind. Einige Minuten auf dem Backblech ruhen lassen, dann vorsichtig auf ein Kuchengitter heben. Abkühlen lassen.

Schoko-Baisers

Ergibt 8 Stück

4 Eiweiß

225 g Zucker

1 TL Speisestärke

40 g Zartbitter-Schokolade, gerieben

FÜLLUNG

100 g Zartbitter-Schokolade

150 g Schlagsahne

1 EL Puderzucker

1 EL Weinbrand (nach Belieben)

1 Zwei Backbleche mit Backpapier auslegen. Das Eiweiß steif schlagen und nach und nach die Hälfte des Zuckers unterrühren. Zu einem steifen glänzenden Schnee schlagen.

2 Vorsichtig den restlichen Zucker, Speisestärke und Schokolade unterheben.

3 In einen Spritzbeutel mit großer Sterntülle füllen. 16 große Rosetten auf die Backbleche spritzen.

4 Im vorgeheizten Backofen bei 140 °C 1 Stunde backen, dabei nach der halben Backzeit die Position der Backbleche tauschen. Den Ofen ausschalten und die Baisers im geschlossenen Ofen abkühlen lassen. Das Backpapier vorsichtig abziehen.

5 Für die Füllung die Zartbitter-Schokolade schmelzen und auf den Boden der Baisers streichen. Kopfüber auf einem Kuchengitter fest werden lassen. Sahne, Puderzucker und eventuell Weinbrand verrühren und steif schlagen. In einen Spritzbeutel füllen und jeweils 2 Baisers mit der Sahne verbinden. Servieren.

1

2

3

VARIATION

Für Mini-Baisers 24 kleine Rosetten auf das Backblech spritzen. 40 Minuten backen, bis sie leicht gebräunt und knusprig sind.

Mexikanische Schoko-Baisers

Ergibt 25 Stück

4–5 Eiweiß, auf Zimmertemperatur erwärmt
1 Prise Salz
1/4 TL Weinstein
2–3 Tropfen Vanillearoma
175–200 g Zucker
1/8–1/4 TL Zimt
120 g Bitterschokolade, gerieben
ZUM SERVIEREN
Zimt
125 g Erdbeeren, gezuckert
Schoko-Sahne (siehe Tipp)

1

2

1 Das Eiweiß schaumig schlagen. Salz und Weinstein zugeben und die Masse so lange weiterschlagen, bis ein fester Eischnee entsteht. Nach und nach das Vanillearoma und den Zucker zugeben. Beim Verruhren per Hand sollte dies etwa 3 Minuten, mit einem Handrührgerät weniger als 1 Minute dauern.

2 Zimt und Schokolade unter die Baisermasse rühren. Jeweils etwa 2 Esslöffel große Eischneehäufchen mit Abstand auf ein mit Backpapier ausgelegtes Backblech setzen.

3 Die Baisers bei 150 °C im vorgeheizten Backofen etwa 2 Stunden backen, bis sie fest sind.

4 Vorsichtig vom Backpapier lösen. Sollten die Baisers noch weich sein, so lange weiterbacken, bis sie vollkommen trocken sind. Danach vollständig auskühlen lassen.

2

TIPP

Für die Schoko-Sahne halb geschmolzene Schokoladenstücke unter geschlagene Sahne heben. Kühlen und fest werden lassen.

5 Das fertige Gebäck mit Zimt bestreuen und zusammen mit den gezuckerten Erdbeeren und der Schoko-Sahne servieren.

Wiener Schokofinger

Ergibt 18 Stück

125 g Butter

75 g Puderzucker

175 g Mehl, gesiebt, 2 TL Backpulver

25 g Speisestärke

200 g Zartbitter-Schokolade

1 Zwei Backbleche leicht mit Fett einpinseln. Butter und Zucker schaumig aufschlagen. Nach und nach Mehl, Backpulver und Speisestärke unterrühren.

2 Ein Drittel der Schokolade schmelzen und unter den Teig rühren.

3 Den Teig in einen Spritzbeutel mit großer Sterntülle füllen und damit etwa 5 cm lange „Finger" auf die Backbleche setzen, dabei ausreichend Abstand halten.

4 Die Schokofinger im vorgeheizten Backofen bei 190 °C 12–15 Minuten backen.

TIPP

Ist der Teig zu dick zum Spritzen, so viel Milch zugeben, dass das Spritzen gelingt.

5 Auf den Backblechen leicht abkühlen lassen, dann auf ein Kuchengitter heben und vollständig auskühlen lassen.

6 Die restliche Schokolade schmelzen und die Kekse darin ein Stück eintauchen. Die überschüssige Schokolade gut abtropfen lassen.

7 Die Kekse auf Backpapier legen und vor dem Servieren fest werden lassen.

Schoko-Haselnuss-Brezeln

Ergibt 26 Stück

375 g fertiger Blätterteig

8 EL Nuss-Nougat-Creme

50 g Haselnüsse, geröstet und gehackt

20 g Zucker

1 Ein Backblech mit Backpapier auslegen. Den Blätterteig auf einer leicht bemehlten Arbeitsfläche zu einem Rechteck (37 cm x 23 cm) ausrollen.

2 Die Nuss-Nougat-Creme über den Teig streichen und mit den Haselnüssen bestreuen.

3 Den Teig von einer langen Seite her bis zur Mitte aufrollen, mit der anderen Seite ebenso verfahren. Die Rollen zur Mitte hin mit etwas Wasser befeuchten, um sie zu verbinden. Mit einem scharfen Messer in dünne Scheiben schneiden. Die Scheiben auf das Backblech geben und mit einem Messer leicht flach drücken. Großzügig mit Zucker bestreuen.

VARIATION

Noch schokoladiger wird es, wenn Sie die Brezeln jeweils zur Hälfte in geschmolzene Schokolade tauchen. Abtropfen und auf einem Stück Backpapier fest werden lassen.

4 Im vorgeheizten Backofen bei 220 °C 10–15 Minuten goldbraun backen. Auf einem Kuchengitter abkühlen lassen.

Reistörtchen

Für 6 Personen

1 fertiger Mürbeteig (Tiefkühlware)
1 l Milch
1 Prise Salz
100 g Arborio- oder weißer Langkornreis
1 Vanilleschote, aufgeschlitzt und ausgekratzt (Mark aufbewahren)
1 EL Speisestärke
2 EL Zucker
Kakaopulver, zum Bestäuben
geschmolzene Schokolade, zum Dekorieren

SCHOKO-GANACHE
200 g Crème double
1 EL heller Sirup
180 g Vollmilch- oder Zartbitter-Schokolade, gehackt
1 EL Butter

1 Den Mürbeteig auftauen. Auf 6 Tortelett-Förmchen (10 cm Ø) verteilen, mit getrockneten Bohnen füllen und bei 200 °C im Backofen etwa 20 Minuten blind backen. Die Bohnen entfernen, die Törtchen auf einem Kuchengitter abkühlen lassen.

2 Für die Schoko-Ganache Crème double und Sirup aufkochen. Vom Herd nehmen und die gehackte Schokolade gut unterrühren. Die Butter einrühren. Auf jedes Törtchen etwas Ganache geben. Beiseite stellen.

3 Milch und Salz in einem Topf aufkochen. Den Reis einrieseln lassen und wieder zum Kochen bringen. Vanilleschote und -mark zugeben. Bei reduzierter Hitze gar köcheln.

4 Speisestärke und Zucker in einer kleinen Schüssel mischen, 2 Esslöffel Wasser zugeben und glatt rühren. Einige Löffel Reismasse einrühren, dann diese Mischung zum Reis geben, verrühren und zum Kochen bringen. 1 Minute kochen, bis die Masse eindickt. Den Topf in Eiswasser stellen und rühren, bis die Creme kalt ist.

5 Die Törtchen bis zum Rand mit der Masse füllen. Bei Zimmertemperatur erstarren lassen. Mit Kakaopulver bestäuben und mit geschmolzener Schokolade verzieren.

2

2

5

Schoko-Brownies

Ergibt 12 Stück

60 g ungesüßte Datteln, entsteint und gehackt
60 g fleischige Trockenpflaumen, entsteint und gehackt
6 EL ungesüßter Apfelsaft
4 Eier, verquirlt
300 g brauner Zucker
5 Tropfen Vanillearoma
4 EL fettarmes Instant-Kakaopulver
2 EL Kakaopulver
175 g Mehl
60 g dunkle Schokoladenstreusel
GLASUR
120 g Puderzucker
1–2 TL Wasser
5 Tropfen Vanillearoma

TIPP

Bereiten Sie die doppelte Menge zu, schneiden Sie einen der Kuchen in Streifen, die Sie in Gefrierbeuteln einfrieren. So können Sie nach Bedarf so viele Schnitten auftauen, wie Sie benötigen.

1 Den Backofen auf 180 °C vorheizen. Eine Backform (18 cm x 28 cm) einfetten und mit Backpapier auslegen. Datteln und Pflaumen in einen kleinen Topf geben, den Apfelsaft zugießen, aufkochen und mit geschlossenem Deckel bei geringer Hitze 10 Minuten weich kochen. Pürieren und abkühlen lassen.

2 Das Püree in eine Schüssel geben. Eier, Zucker und Vanillearoma einrühren. Instant-Kakaopulver, Kakao und Mehl sieben, mit den Schokoladenstreuseln und den Früchten zu einem glatten Teig verrühren.

2

2

3 Den Teig in die Form geben und glatt streichen. 25–30 Minuten backen, bis er fest ist (Stäbchenprobe). Den Teig in 12 Stücke schneiden und in der Form 10 Minuten abkühlen lassen. Auf einem Kuchengitter auskühlen lassen.

4 Für die Glasur den Puderzucker mit Vanillearoma und Wasser zu einer dickflüssigen Masse verrühren.

5 Die Glasur über den Kuchen träufeln und fest werden lassen. Mit etwas Kakaopulver bestäuben und servieren.

3

Cannoli

Ergibt 20 Stück

3 EL Zitronensaft
3 EL Wasser
1 großes Ei
250 g Mehl
1 EL Zucker
1 TL Lebkuchengewürz
1 Prise Salz
30 g weiche Butter
Sonnenblumenöl, zum Frittieren
1 kleines Eiweiß, leicht verquirlt
Puderzucker

FÜLLUNG

750 g Ricotta, abgetropft
4 EL Puderzucker
5 Tropfen Vanillearoma
geriebene Schale von 1 großen Orange
4 EL fein gehackte kandierte Früchte
50 g Schokolade, gerieben
1 Prise gemahlener Zimt
2 EL Marsala oder Orangensaft

1 Zitronensaft, Wasser und Ei verrühren. Mehl, Zucker, Gewürz und Salz in einer Küchenmaschine (höchste Stufe) verrühren. Butter zufügen und die Eiermischung zugießen, bis ein glatter Teig entsteht.

2 Den Teig auf einer bemehlten Arbeitsfläche kneten. In ein Tuch wickeln und 1 Stunde kalt stellen.

3 Inzwischen für die Füllung den Ricotta in einer Schüssel zu einer weichen Masse verrühren. Den Puderzucker hineinsieben und die restlichen Zutaten unterrühren. Abdecken und kalt stellen.

4 Den Teig auf einer bemehlten Arbeitsfläche 2 mm dick ausrollen und 9 cm x 7,5 cm große Stücke ausstechen. Die Teigreste erneut ausrollen und weitere Stücke ausstechen.

5 Eine Pfanne 5 cm hoch mit Öl füllen und auf 190 °C erhitzen. Die Teigstücke auf eingefettete Cannoli-Formen rollen, sodass sich die Enden überlappen. Mit Eiweiß einpinseln und festdrücken. Jeweils 2 oder 3 Cannoli goldbraun backen.

6 Cannoli mit einem Schaumlöffel aus dem Öl heben und auf Küchenpapier abtropfen lassen.

5

Abkühlen lassen und vorsichtig von den Formen lösen. Den gesamten Teig auf diese Weise verarbeiten.

7 Die Cannoli sind in einem luftdichten Behälter ungefüllt bis zu 2 Tagen haltbar. Die Füllung erst 30 Minuten vor dem Servieren einspritzen, da der Teig sonst weich wird. Mit Puderzucker bestäuben und servieren.

7

Schoko-Kokos-Cookies

Ergibt 24 Stück

125 g weiche Margarine
5 Tropfen Vanillearoma
90 g Puderzucker, gesiebt
125 g Mehl
2 EL Kakaopulver
50 g Kokosraspel
30 g Butter
100 g weiße Marshmallows
25 g Kokosraspel
Zartbitter-Schokolade, geschmolzen

1 Ein Backblech leicht einfetten. Margarine, Vanillearoma und Puderzucker in einer Schüssel schaumig schlagen. Mehl und Kakaopulver hineinsieben und mit den Kokosraspeln zu einer glatten Masse verrühren.

2 Jeweils 1 Teelöffel Teig zu 1 Kugel formen und mit genügend Abstand auf das Backblech setzen.

3 Die Kugeln leicht flach drücken und im vorgeheizten Backofen bei 180 °C 12–15 Minuten backen, bis sie fest sind.

4 Auf dem Backblech einige Minuten abkühlen lassen, dann auf ein Kuchengitter heben und vollständig auskühlen lassen.

5 Butter und Marshmallows in einem kleinen Topf vorsichtig erhitzen und gut verrühren. Jeweils ein wenig von der Creme auf die Plätzchen geben und mit Kokosraspeln bestreuen. Fest werden lassen. Die Plätzchen mit etwas geschmolzener Schokolade dekorieren und fest werden lassen.

Holländische Makronen

Ergibt 20 Stück

Backoblaten

2 Eiweiß

225 g Zucker

175 g gemahlene Mandeln

225 g Zartbitter-Schokolade

TIPP

Sie können die Backoblaten auch ganz entfernen, bevor Sie die Makronen in die Schokolade tauchen. Da sie essbar sind, müssen Sie dies aber nicht.

1 Zwei Backbleche mit Backoblaten auslegen. Das Eiweiß sehr steif schlagen, dann Zucker und Mandeln unterheben.

2 Die Mischung in einen Spritzbeutel mit einer Lochtülle (10 mm Ø) füllen und mit ausreichend Abstand ca. 8 cm lange Stäbchen auf das Backblech spritzen.

3 Im vorgeheizten Backofen bei 180 °C 15–20 Minuten goldbraun backen. Auf einem Kuchengitter abkühlen lassen. Die überstehenden Oblaten entfernen.

4 Die Schokolade schmelzen und die Böden der Makronen hineintauchen. Zum Trocknen kopfüber auf einen Bogen Backpapier setzen.

5 Die restliche Schokolade (eventuell erneut etwas erhitzen) über die Makronen träufeln und vor dem Servieren gut fest werden lassen.

1

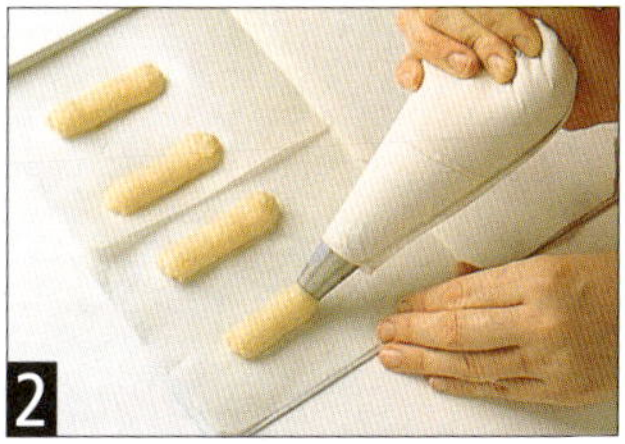

2

3

Schoko-Hafer-Happen

Ergibt 12 Stück

125 g Butter

80 g Zucker

1 EL heller Sirup

350 g Haferflocken

80 g Zartbitter-Schokolade, geraspelt

50 g Rosinen

TIPP

Die Schoko-Hafer-Happen halten sich luftdicht verschlossen bis zu 1 Woche – doch sind sie meist schon vorher verschwunden.

1 Eine quadratische Backform von 20 cm Seitenlänge leicht einfetten.

2 Butter, Zucker und Sirup in einem großen Topf bei schwacher Hitze verrühren, bis Butter und Zucker geschmolzen sind.

3 Vom Herd nehmen und die Haferflocken unterrühren. Schokoraspel und Rosinen zugeben und gut verrühren.

4 Die Mischung in die Backform geben und fest andrücken.

5 Im vorgeheizten Backofen bei 180 °C 30 Minuten backen. Ein wenig abkühlen lassen, dann in Würfel schneiden. Vorsichtig auf ein Kuchengitter heben und vollständig auskühlen lassen.

Kekse mit Schokoladenstücken

Ergibt 18 Stück

180 g Mehl

1 TL Backpulver

125 g weiche Margarine

90 g brauner Zucker

60 g Zucker

3 Tropfen Vanillearoma

1 Ei

125 g Zartbitter-Schokolade, geraspelt

VARIATION

Verwenden Sie eine Mischung aus Zartbitter-, Vollmilch- und weißen Schokoladenraspeln. Oder Sie mischen für Kokoskekse zusätzlich 25 g Kokosflocken unter den Teig oder für Nusskekse 40 g gehackte Haselnüsse.

1 Zwei Backbleche leicht mit Butter einfetten.

2 Alle Zutaten in einer großen Schüssel gut verrühren.

3 Mit einem Esslöffel den Teig portionsweise und mit genügend Abstand auf die Backbleche setzen.

4 Im vorgeheizten Backofen bei 190 °C 10–12 Minuten goldbraun backen.

5 Mit einem Palettenmesser die Kekse auf ein Kuchengitter heben und auskühlen lassen.

1

2

4

Millionärsschnitten

Für 4 Personen

TEIG

175 g Mehl

125 g Butter, in kleinen Stücken

50 g brauner Zucker

BELAG

50 g Butter

50 g brauner Zucker

400 g Kondensmilch

150 g Vollmilchschokolade

1 Eine Backform von 24 cm Seitenlänge leicht einfetten.

2 Das Mehl in eine Schüssel sieben. Die Butter mit den Fingern darin verreiben, bis ein krümeliger Teig entsteht. Den Zucker zufügen und zu einem glatten Teig verarbeiten.

3 Den Teig in die vorbereitete Form einpassen und mit einer Gabel einstechen.

4 Den Teig bei 190 °C im vorgeheizten Backofen 20 Minuten goldbraun backen. Dann in der Form abkühlen lassen.

5 Für den Belag Butter, Zucker und Kondensmilch in einer beschichteten Pfanne bei schwacher Hitze unter ständigem Rühren erhitzen, bis die Mischung kocht.

TIPP

Die Karamellschicht muss völlig abgekühlt sein, bevor Sie sie mit der geschmolzenen Schokolade bedecken – sonst mischen sich beide.

6 Bei reduzierter Hitze die Mischung weitere 4–5 Minuten kochen, bis der Karamell hellbraun und dickflüssig ist und sich von den Rändern der Pfanne löst. Dann auf dem Teigboden verteilen und abkühlen lassen.

7 Die Schokolade im Wasserbad schmelzen und über dem Karamell verteilen. Das Gebäck erneut abkühlen lassen und vor dem Servieren in Würfel oder Schnitten schneiden.

Florentiner

Ergibt 10 Stück

50 g Butter
50 g Zucker
25 g Mehl, gesiebt
50 g gehackte Mandeln
50 g Zitronat und Orangeat, gehackt
30 g Rosinen, gehackt
30 g kandierte Kirschen, gehackt
fein geriebene Schale von 1/2 Zitrone
125 g Bitterschokolade, geschmolzen

VARIATION

Ersetzen Sie die Bitterschokolade durch weiße Schokolade, oder bedecken Sie die Florentiner zur Hälfte mit weißer und zur Hälfte mit Bitterschokolade.

1 Zwei große Backbleche mit Backpapier auslegen.

2 Butter und Zucker in einem kleinen Topf erhitzen, bis die Butter geschmolzen und der Zucker aufgelöst ist. Dann den Topf vom Herd nehmen.

3 Das Mehl zugeben und gut verrühren. Mandeln, Zitronat, Orangeat, Rosinen, Kirschen und Zitronenschale zugeben und gut unterrühren. Die fertige Mischung teelöffelweise mit

genügend Abstand auf die vorbereiteten Bleche geben.

4 Die Teighäufchen bei 180 °C im vorgeheizten Backofen etwa 10 Minuten goldbraun backen.

5 Die Florentiner herausnehmen und ihre Ränder mit einem Kuchenmesser gerade richten. Auf dem Blech abkühlen lassen, bis sie fest geworden

sind, dann auf einem Kuchengitter vollständig auskühlen lassen.

6 Die Schokolade auf die glatte Seite der Florentiner streichen und abkühlen lassen. Kurz bevor die Schokolade fest wird, mit einer Gabel ein Wellenmuster hineinzeichnen.

Schoko-Zitronen-Wirbel

Ergibt 40 Stück

175 g Butter
300 g Zucker
1 Ei, verquirlt
350 g Mehl
25 g Bitterschokolade, geschmolzen und leicht abgekühlt
geriebene Schale von 1 Zitrone

TIPP

Das Ausrollen fällt leichter, wenn Sie jedes Teigstück zwischen 2 Blatt Backpapier legen.

1 Mehrere Backbleche einfetten und mit Mehl bestäuben.

2 Butter und Zucker in einer großen Schüssel schaumig schlagen.

3 Nach und nach das Ei zugeben und gut unterrühren.

4 Das Mehl in die Mischung sieben und alles zu einem weichen Teig verarbeiten.

5 Die Hälfte des Teigs in eine zweite Schüssel geben und mit der geschmolzenen Schokolade mischen.

6 Die Zitronenschale mit der anderen Teighälfte vermengen.

7 Die beiden Teighälften auf einer leicht bemehlten Arbeitsfläche zu 2 gleich großen Rechtecken ausrollen (siehe Tipp).

8 Den Zitronenteig auf den Schokoladenteig legen, beide auf 1 Lage Backpapier geben und mit Hilfe des Papiers fest zusammenrollen. Diese Rolle in den Kühlschrank legen und abkühlen lassen.

9 Die Rolle in etwa 40 Scheiben schneiden. Die Scheiben auf die vorbereiteten Backbleche legen und bei 190 °C im vorgeheizten Backofen 10–12 Minuten goldbraun backen. Vor dem Servieren auf einem Kuchengitter vollständig abkühlen lassen.

5

8

9

Schokoladenbrezeln

Ergibt 30 Stück

100 g Butter

100 g Zucker

1 Ei

225 g Mehl

20 g Kakaopulver

GLASUR

20 g Butter

100 g Zartbitter-Schokolade

Puderzucker, zum Bestäuben

2

3

1 Ein Backblech leicht einfetten. Butter und Zucker schaumig schlagen, dann das Ei zugeben und sorgfältig unterrühren.

2 Mehl und Kakaopulver sieben, mischen und nach und nach in die Buttermischung einarbeiten, bis ein glatter Teig entsteht. Zum Schluss mit den Händen kneten. 15 Minuten in den Kühlschrank stellen.

3 Den Teig in 30 Portionen teilen und mit den Händen zu etwa 10 cm langen, dünnen Strängen rollen, dann zu Brezeln formen (die Stränge zu einem Kreis legen und die Enden zu einem „B" verdrehen).

4 Die Brezeln mit genügend Abstand auf dem Backblech verteilen, damit sie beim Backen nicht aneinander festkleben.

5 Im vorgeheizten Backofen bei 190 °C 8–12 Minuten backen. Abkühlen lassen, dann auf ein Kuchengitter legen.

6 Für die Glasur Butter und Schokolade im Wasserbad schmelzen, dabei ständig rühren, bis eine glatte Masse entsteht.

7 Die Brezeln jeweils zur Hälfte in die Schokolade tauchen, die überschüssige Schokolade in die Schüssel abtropfen lassen. Zum Trocknen auf einen Bogen Backpapier legen.

8 Die andere Hälfte der Brezeln mit Puderzucker bestäuben.

Schokokästchen

2

3

3

Für 6 Personen

225 g Zartbitter-Schokolade

225 g Schokoladenkuchen, fertig oder selbst gemacht

2 EL Aprikosenmarmelade

150 g Schlagsahne

1 EL Ahornsirup

100 g frische Früchte, z. B. Erdbeeren, Kirschen, Himbeeren oder Johannisbeeren

1 Die Schokolade schmelzen und gleichmäßig auf einem großen Bogen Backpapier verteilen. An einem kühlen Ort fest werden lassen.

2 Die Schokolade in Quadrate von 5 cm Seitenlänge schneiden. Mit möglichst kalten Händen zügig vom Backpapier lösen.

3 Den Kuchen in 5 cm große Würfel schneiden, jeden Würfel halbieren. Die Marmelade erwärmen und die Seiten der Würfel damit bestreichen. Vorsichtig an jede Seite der Kuchenwürfel je 1 Schokoladenquadrat drücken. So entstehen 4 Boxen mit einem Boden aus Kuchen. Die Boxen für 20 Minuten kalt stellen.

4 Die Sahne mit dem Ahornsirup steif schlagen und in die Schokoboxen füllen.

5 Jede Box mit einer Frucht dekorieren. Man kann die Früchte zuvor auch in geschmolzene Schokolade tauchen, die man vor dem Dekorieren fest werden lässt.

Gebratene Schokostreifen

Ergibt 24 Stück

4 Eier, verquirlt

600 ml Milch

5 EL Sherry

8 Weißbrotscheiben vom Vortag, 1 cm dick

4 EL Sonnenblumenöl

120 g Zucker

225 g Zartbitter-Schokolade, fein geraspelt

1 Eier, Milch und Sherry in einer flachen Schüssel verquirlen. Brotscheiben längs in je 3 Streifen schneiden. Diese gründlich in der Eimischung einweichen, dann auf Küchenpapier abtropfen lassen.

2 Öl in einer großen, gusseisernen Pfanne erhitzen. Die Brotstreifen darin portionsweise bei mittlerer Hitze vorsichtig von jeder Seite 1–2 Minuten goldbraun anbraten. Auf Küchenpapier abtropfen lassen.

3 Die Schokostreifen zuerst in Zucker, dann in der geraspelten Schokolade wälzen. Auf einer vorgewärmten Servierplatte sofort servieren. Dazu passt Vanilleeis.

Schoko-Meringen

Ergibt 30 Stück

1 Eiweiß

4 EL Zucker

1½ TL Kakaopulver

140 g Zartbitter-Schokolade, in Stücke gebrochen

1 Ein Backblech mit Backpapier auslegen. Das Eiweiß halbsteif schlagen. Die Hälfte des Zuckers unterrühren und zu steifem, glänzendem Eischnee schlagen. Restlichen Zucker und Kakao unterheben.

2 Die Masse in einen Spritzbeutel mit Rundtülle (1 cm Durchmesser) füllen. Ca. 7,5 cm lange Stränge mit mindestens 2,5 cm Abstand voneinander auf das Backblech spritzen. Bei 120 °C im vorgeheizten Backofen mindestens 1 Stunde backen, bis die Stränge vollständig trocken sind. Aus dem Ofen nehmen und auf einem Kuchengitter auskühlen lassen.

3 Schokolade im Wasserbad schmelzen. Vom Herd nehmen und leicht abkühlen lassen. Die Baisers nacheinander jeweils zur Hälfte in die Schokolade tauchen – entweder längs oder quer. Auf Backpapier legen, bis die Schokolade fest ist.

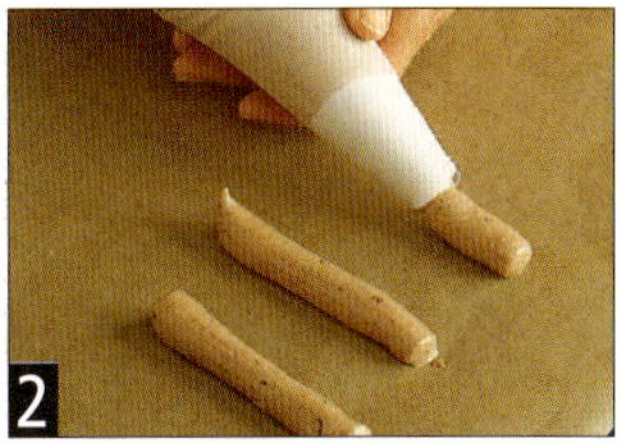
2

3

Konfekt & Getränke

Mit diesen hausgemachten Konfektspezialitäten kann sich keine fabrikmäßig hergestellte Praline messen. Ein Kapitel voller kleiner Köstlichkeiten für jeden Geschmack: exquisite, im Mund zergehende Italienische Trüffeln, Marzipan-Konfekt, Collettes, Schoko-Mascarpone-Konfekt und gehaltvolle Rumtrüffeln sind nur einige der Verlockungen, die Sie hier erwarten. Es gibt sogar ein Rezept für deliziöse Schokowürfel, das Ihnen jedes lästige Hantieren mit dem Zuckerthermometer erspart.

Und womit spülen Sie das alles hinunter? Wir lassen Ihnen die Wahl zwischen erfrischend kühlen Schokoladendrinks für den Sommer oder wohlig wärmenden Heißgetränken für kalte Winterabende, nach denen Sie über Instantkakao nur noch die Nase rümpfen werden.

Schoko-Likör-Pralinen

Ergibt ca. 40 Stück

100 g Zartbitter-Schokolade
5 Belegkirschen, halbiert
10 Macadamia- oder Haselnüsse
150 g Schlagsahne
25 g Puderzucker
4 EL Likör

ZUM DEKORIEREN

50 g Zartbitter-Schokolade, geschmolzen
weiße Schokolade, geschmolzen, Schokoladenspäne (s. S. 7), Nüsse oder Belegkirschen (nach Belieben)

TIPP

Verwenden Sie für dieses Rezept möglichst kleine Pralinenkapseln.

1 Ein Backblech mit Backpapier auslegen. Die Schokolade schmelzen und 20 Pralinenkapseln aus Papier mit je 1 Teelöffel Schokolade füllen. Dabei die Schokolade mit einem kleinen Pinsel oder Holzlöffel verstreichen, um die Seiten gut auszukleiden. Kopfüber auf das Backblech stellen und fest werden lassen.

2 Die Papierkapseln vorsichtig abziehen. Je 1 Kirschenhälfte oder 1 Nuss in die Schokoladenform legen.

3 Für die Likörfüllung die Sahne mit dem Puderzucker steif schlagen und den Likör einrühren.

4 Die Sahne in einen Spritzbeutel mit Lochtülle (10 mm Ø) füllen und in die Schokoladenkapseln spritzen. Für 20 Minuten in den Kühlschrank stellen.

5 Für die Garnierung die flüssige Schokolade über die Sahne löffeln, bis diese ganz bedeckt ist. Nach Geschmack mit Spänen aus weißer Schokolade, Nüssen oder Belegkirschen dekorieren oder geschmolzene weiße Schokolade darüber träufeln und mit einem Holzspieß marmorieren. Vor dem Servieren fest werden lassen.

Nussige Schokostückchen

Ergibt ca. 30 Stück

180 g weiße Schokolade

100 g Vollkornkekse

100 g Macadamia-Nüsse, gehackt

30 g frisch gehackter Ingwer (nach Belieben)

180 g Zartbitter-Schokolade

1 Ein Backblech mit Backpapier auslegen. Die weiße Schokolade in kleine Stücke brechen und im Wasserbad unter Rühren vorsichtig schmelzen.

2 Die Kekse in kleine Stücke brechen. Kekskrümel, Macadamia-Nüsse und, falls verwendet, Ingwer unter die geschmolzene Schokolade rühren.

3 Jeweils 1 gehäuften Teelöffel Schokoladenmischung auf das Backblech setzen.

4 Im Kühlschrank fest werden lassen, dann vom Backpapier lösen.

5 Zartbitter-Schokolade schmelzen und leicht abkühlen lassen. Die Schokoladen-Nuss-Stückchen hineintauchen, überschüssige Schokolade abtropfen lassen. Die Stückchen wieder auf das Blech setzen und im Kühlschrank fest werden lassen.

Schokowürfel mit Früchten & Nüssen

Ergibt ca. 25 Stück

250 g Zartbitter-Schokolade

25 g Butter

4 EL Kondensmilch

450 g Puderzucker, gesiebt

50 g Haselnüsse, grob gehackt

50 g Rosinen

VARIATION

Variieren Sie die Nüsse: Auch Mandeln, Walnüsse oder Pecannüsse schmecken herrlich in den Würfeln.

1 Eine rechteckige Backform leicht mit Fett einpinseln.

2 Die Schokolade in Stücke brechen und mit Butter und Milch in eine Schüssel geben. Im Wasserbad unter Rühren schmelzen, bis alle Zutaten gut vermischt sind.

3 Die Schüssel vom Herd nehmen und nach und nach den Puderzucker unterrühren. Haselnüsse und Rosinen zugeben. Die Masse in die Backform geben, fest andrücken und glatt streichen. Dann im Kühlschrank fest werden lassen.

4 Aus der Form nehmen und in kleine Würfel schneiden. In Papierkapseln setzen und bis zum Verzehr kalt stellen.

3

3

3

Mini-Torteletts

Ergibt 18 Stück

175 g Mehl
80 g Butter
20 g Zucker
ca. 1 EL Wasser

FÜLLUNG

100 g Frischkäse
25 g Zucker
1 kleines Ei, leicht verquirlt
50 g Zartbitter-Schokolade

ZUM DEKORIEREN

100 g Schlagsahne
Späne aus Zartbitter-Schokolade (s. S. 7)
Kakaopulver, zum Bestäuben

TIPP

Man kann die Torteletts schon 3 Tage vorher backen, sollte sie aber erst am Tag des Verzehrs füllen und dekorieren.

1 Das Mehl in eine Schüssel sieben. Die Butter in kleine Stücke schneiden, zugeben und mit den Fingern verreiben, bis die Masse krümelig ist. Den Zucker unterrühren. So viel Wasser zufügen, dass ein weicher Teig entsteht, dann abdecken und 15 Minuten kalt stellen.

2 Den Teig auf einer leicht bemehlten Arbeitsfläche ausrollen. Auf 18 Mini-Tortelett-Formen aufteilen und diese mit dem Teig auskleiden. Den Boden mehrfach einstechen.

3 Frischkäse und Zucker verrühren. Das Ei untermischen. Die Schokolade schmelzen und untermischen. In die kleinen Förmchen füllen und im vorgeheizten Backofen bei 190 °C 15 Minuten backen, bis der Boden knusprig und die Füllung fest ist. Auf einem Kuchengitter vollständig abkühlen lassen.

4 Die Torteletts kalt stellen. Die Sahne steif schlagen und in einen Spritzbeutel mit Sterntülle füllen. Kleine Rosetten auf die Torteletts setzen. Mit einigen Schokoladenspänen dekorieren und mit Kakaopulver bestäuben.

2

3

4

Schoko-Knusper-Batzen

Ergibt 18 Stück

130 g Vollmilch-Schokolade
50 g bunte Mini-Marshmallows
30 g Walnusskerne, sehr fein gehackt
30 g getrocknete Aprikosen, gehackt

1 Ein Backblech mit Backpapier auslegen.

2 Die Schokolade in kleine Stücke brechen und im Wasserbad unter Rühren schmelzen.

3 Marshmallows, Nüsse und Aprikosen gründlich in der Schokolade wälzen.

VARIATION

Marshmallows gibt es weiß oder farbig. Wenn Sie keine Mini-Marshmallows finden, nehmen Sie große und schneiden sie in kleine Stücke, bevor Sie sie unter die Schokolade rühren.

4 Mit einem Teelöffel kleine Portionen abstechen und auf das Backblech setzen.

5 In den Kühlschrank stellen, bis das Konfekt fest geworden ist.

6 Das fertige Konfekt vorsichtig vom Backpapier lösen.

7 Zum Servieren nach Belieben in Pralinenkapseln stecken.

Schoko-Mascarpone-Konfekt

Ergibt 20 Stück

100 g Zartbitter-Schokolade

FÜLLUNG

100 g Vollmilch- oder Zartbitter-Schokolade

200 g Mascarpone

3 Tropfen Vanillearoma

Kakaopulver, zum Bestäuben

VARIATION

Sie können den Mascarpone durch Schlagsahne ersetzen – sie schmeckt ebenfalls großartig zur Schokolade.

1 Ein Backblech mit Backpapier auslegen. Die Schokolade schmelzen und 20 Pralinenkapseln aus Papier mit je 1 Teelöffel Schokolade füllen. Mit einem kleinen Pinsel oder Holzlöffel sorgfältig die Seiten auskleiden. Kopfüber auf das Backblech stellen und vollständig aushärten lassen.

2 Vorsichtig die Papierkapseln abziehen.

3 Für die Füllung die Schokolade schmelzen. Mascarpone und Vanillearoma in eine Schüssel geben. Die Schokolade zugießen und gründlich verrühren. Unter gelegentlichem Rühren abkühlen lassen, bis die Mischung dick genug ist, um sie in einen Spritzbeutel füllen zu können.

4 Die Füllung in einen Spritzbeutel mit Sterntülle (10 mm Ø) geben und die Schokoladenkapseln damit füllen. Zum Servieren mit Kakaopulver bestäuben.

1

3

4

Rumtrüffeln

Ergibt ca. 20 Stück

130 g Zartbitter-Schokolade

20 g Butter

2 EL Rum

50 g Kokosraspel

100 g Kuchenkrümel

75 g Puderzucker

2 EL Kakaopulver

TIPP

Brechen Sie die Schokolade in möglichst gleich große Stücke – so wird sie auch gleichmäßig schmilzen.

1 Die Schokolade in Stücke brechen und mit der Butter in eine Schüssel geben. Im Wasserbad vorsichtig unter Rühren schmelzen.

2 Vom Herd nehmen und den Rum zugießen. Kokosraspel, Krümel und 50 g Puderzucker zugeben und gut vermischen. Ist die Mischung zu fest, noch ein wenig Rum zugeben.

3 Aus der Masse kleine Kugeln formen und auf einen Bogen Backpapier setzen. Im Kühlschrank fest werden lassen.

4 Den restlichen Puderzucker auf ein großes Küchenbrett sieben, das Kakaopulver auf ein anderes. Die Hälfte der Trüffeln im Puderzucker wälzen, bis sie vollständig bedeckt sind, die andere Hälfte im Kakaopulver.

5 Die Trüffeln in Papierkapseln setzen und bis zum Verzehr gut kalt stellen.

VARIATION

Machen Sie die Trüffeln mit weißer Schokolade, und ersetzen Sie den Rum durch Kokoslikör oder Milch. Wälzen Sie die Trüffeln in Kakaopulver, oder tauchen Sie sie in geschmolzene Milchschokolade.

Mini-Schoko-Hörnchen

Ergibt 10 Stück

80 g Zartbitter-Schokolade

100 g Schlagsahne

20 g Puderzucker

1 EL Crème de Menthe

Schoko-Kaffeebohnen, zum Dekorieren (nach Belieben)

1

2

3

1 10 Kreise (etwa 8 cm Ø) aus Backpapier ausschneiden. Aus jedem Kreis ein Hörnchen formen und mit Klebestreifen fixieren.

2 Die Schokolade schmelzen. Mit einem kleinen Pinsel jedes Hörnchen von innen mit Schokolade einpinseln.

3 Eine zweite Schicht Schokolade aufpinseln und die Hörnchen im Kühlschrank fest werden lassen. Dann vorsichtig das Papier abziehen.

4 Sahne, Puderzucker und Crème de Menthe in einer Schüssel steif schlagen. Die Sahne in einen Spritzbeutel mit Sterntülle füllen und in die Schokoladenhörnchen spritzen.

5 Die Hörnchen nach Belieben mit Schoko-Kaffeebohnen dekorieren und kalt servieren.

Collettes

Ergibt 20 Stück

100 g weiße Schokolade

FÜLLUNG

150 g Zartbitter-Schokolade mit Orange

150 g Schlagsahne

30 g Puderzucker

TIPP

Sind die Papierkapseln zu weich, stellen Sie zwei ineinander, bevor Sie sie mit der Schokolade bestreichen. Sie können auch Metallkapseln verwenden.

1 Ein Backblech mit Backpapier auslegen. Die Schokolade schmelzen und in 20 Papierkapseln füllen, dabei auch die Seiten mit Schokolade einpinseln. Die Kapseln kopfüber auf das Backblech stellen und vollständig aushärten lassen.

2 Die Papierkapseln vorsichtig abziehen.

2

3

4

3 Für die Füllung die Zartbitter-Schokolade schmelzen. Mit Sahne und Puderzucker in einer Schüssel zu einer glatten Masse mixen. Abkühlen lassen, bis die Mischung fest genug zum Spritzen ist, dabei gelegentlich umrühren.

4 Die Mischung in einen Spritzbeutel mit Sterntülle füllen und die Schokoladenkapseln füllen. Bis zum Verzehr kalt stellen.

Marzipankonfekt

Ergibt ca. 30 Stück

450 g Marzipanrohmasse
30 g Belegkirschen, sehr fein gehackt
25 g frisch gehackter Ingwer
50 g getrocknete Aprikosen, sehr fein gehackt
350 g Zartbitter-Schokolade
25 g weiße Schokolade
Puderzucker, zum Bestäuben

1 Ein Backblech mit Backpapier auslegen. Die Marzipanrohmasse dritteln und jeweils durchkneten, damit sie weich wird.

2 Auf einer mit Puderzucker bestäubten Arbeitsfläche 1 Drittel des Marzipans mit den Belegkirschen verkneten.

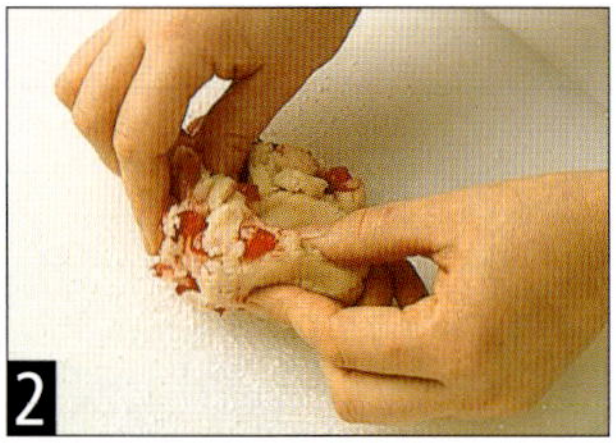
2

3 Diesen Vorgang mit der 2. Portion Marzipan und dem Ingwer sowie mit der 3. Portion und den Aprikosen wiederholen.

4 Die Marzipanportionen jeweils zu kleinen Kugeln formen, dabei die verschiedenen Geschmacksrichtungen getrennt halten.

5 Die Zartbitter-Schokolade schmelzen. Die Marzipankugeln auf einen Cocktailspieß oder Zahnstocher stecken und in die Schokolade tauchen. Die überschüssige Schokolade zurück in die Schüssel tropfen lassen.

5

6 Die Marzipankugeln in Dreiergruppen von je 1 Geschmacksrichtung auf das Backblech setzen und kalt stellen.

6

7 Die weiße Schokolade schmelzen und das Konfekt damit beträufeln. Wieder in den Kühlschrank stellen. Zum Servieren vorsichtig vom Backpapier abziehen und mit Puderzucker bestäuben.

VARIATION

Tauchen Sie das Konfekt in weiße Schokolade und verzieren Sie es mit Fäden von geschmolzener Zartbitter-Schokolade.

Mini-Florentiner

Ergibt ca. 40 Stück

80 g Butter
80 g Zucker
30 g Rosinen
30 g kandierte Kirschen, gehackt
30 g kandierter Ingwer, gehackt
30 g Sonnenblumenkerne
100 g Mandelblätter
2 EL Crème double
175 g Zartbitter- oder Vollmilchschokolade

1 Zwei Backbleche mit Backpapier auslegen.

2 Die Butter in einem kleinen Topf bei schwacher Hitze zerlassen. Den Zucker zufügen und unter Rühren auflösen. Aufkochen. Vom Herd nehmen und Rosinen, Kirschen, Ingwer, Sonnenblumenkerne und Mandelblätter zugeben. Gut verrühren, dann die Crème double unterheben.

3 Je 1 Teelöffel der Früchte-Nuss-Mischung auf die Backbleche setzen, dabei ausreichend Abstand halten. Im vorgeheizten Backofen bei 180 °C 10–12 Minuten backen, bis die Häufchen goldbraun sind.

3

4 Aus dem Ofen nehmen. Aus den Häufchen, solange sie noch heiß sind, mit einer Plätzchenform runde Florentiner ausstechen. Abkühlen lassen und vom Backblech nehmen.

4

5 Den Großteil der Schokolade schmelzen und auf Backpapier ausbreiten. Wenn die Schokolade hart zu werden beginnt, die Plätzchen mit der flachen Seite nach unten auflegen und vollständig aushärten lassen.

6 Die Schokolade rund um die Florentiner einschneiden und vom

5

Backpapier lösen. Die zurückbehaltene Schokolade schmelzen und auf die bereits feste Schokolade streichen. Mit einer Gabel Muster einziehen und fest werden lassen. Die Florentiner auf einem Teller anrichten. Im Kühlschrank aufbewahren.

Schokowürfel

Ergibt 25 Stück

500 g Zartbitter-Schokolade

80 g Butter

400 ml Kondensmilch

3 Tropfen Vanillearoma

1 Eine 1-l-Kastenform einfetten, den Boden mit Backpapier auslegen.

2 Schokolade in kleine Stücke brechen und mit Butter und Kondensmilch verrühren.

3 Die Mischung unter Rühren erwärmen, bis alle Zutaten geschmolzen sind. Nicht kochen.

4 Vom Herd nehmen, das Vanillearoma zugeben und weiterrühren, bis eine dickflüssige Masse entsteht. In die Kastenform geben und glatt streichen.

5 In den Kühlschrank stellen, bis die Masse fest geworden ist.

6 Die Schokoladenmasse aus der Form stürzen und in ca. 25 mundgerechte Würfel schneiden.

TIPP

Die Schokoladenwürfel halten sich bis zu 1 Monat im Kühlschrank. Nicht einfrieren.

Schokokirschen

Ergibt 24 Stück

12 Belegkirschen
2 EL Rum oder Weinbrand
250 g Marzipanrohmasse
125 g Zartbitter-Schokolade
etwas Vollmilch-, Zartbitter- oder weiße Schokolade (nach Belieben)

VARIATION

Sie können die Marzipanstücke auch flach drücken und die Kirschen ganz umhüllen. Dann in die Schokolade tauchen.

1 Ein Backblech mit Backpapier auslegen.

2 Kirschen halbieren und in eine kleine Schüssel legen. Rum oder Weinbrand zugießen, Kirschen darin wälzen. Mindestens 1 Stunde unter gelegentlichem Rühren ziehen lassen.

3 Das Marzipan in 24 gleichmäßige Stücke teilen und jedes Stück zu einer Kugel formen. Jeweils 1 Kirschhälfte auf 1 Marzipankugel setzen und fest andrücken.

4 Die Schokolade in kleine Stücke brechen und im Wasserbad unter Rühren schmelzen.

5 Die Marzipankugeln in die Schokolade tauchen, die überschüssige Schokolade abtropfen lassen. Auf Backpapier setzen und im Kühlschrank fest werden lassen.

6 Nach Belieben die Schokokirschen mit geschmolzener Schokolade dekorieren. Vor dem Servieren fest werden lassen.

3

5

Schoko-Kokos-Pyramiden

Ergibt 12 Stück

150 ml Wasser
450 g Zucker
1 Prise Weinstein
120 g Kokosflocken
1 EL Crème double
einige Tropfen gelbe Lebensmittelfarbe
90 g Zartbitter-Schokolade, in Stücke gebrochen

TIPP

Um optimale Ergebnisse zu erzielen, sollte man für Schokoladenrezepte immer Schokolade von bestmöglicher Qualität verwenden.

1 Wasser in einen Topf gießen, Zucker zugeben und bei schwacher Hitze rühren, bis er vollständig aufgelöst ist. Weinstein unterrühren, aufkochen. Ohne Rühren kochen lassen, bis die Temperatur auf einem Zuckerthermometer 119 °C erreicht. Ohne Zuckerthermometer: In kurzen Abständen eine kleine Menge des Sirups in eine Schüssel mit kaltem Wasser tropfen: Wenn sich die Masse zwischen den Fingern zu einem weichen Kügelchen rollen lässt, ist sie richtig.

1

2 Topf vom Herd nehmen. Kokosflocken und Crème double unterrühren und die Masse 5–10 Minuten schaumig schlagen. Einige Tropfen gelbe Lebensmittelfarbe unterrühren und die Masse abkühlen lassen. Wenn sie so abgekühlt ist, dass man sie anfassen kann, 12 kleine Pyramiden daraus formen. Die Pyramiden auf Backpapier setzen und fest werden lassen.

3 Die Schokolade im Wasserbad unter Rühren schmelzen. Vom Herd nehmen. Die Unterseiten der Pyramiden in die geschmolzene Schokolade tauchen. Fest werden lassen und servieren.

2

2

Italienische Trüffeln

Ergibt 24 Stück

175 g Zartbitter-Schokolade
2 EL Mandellikör (z. B. Amaretto) oder Orangenlikör
40 g Butter
50 g Puderzucker
50 g gemahlene Mandeln
50 g Schokolade, gerieben

VARIATION

Amaretto verleiht diesen Trüffeln ihren echt italienischen Geschmack. Der bekannteste Amaretto kommt aus dem Ort Saronno.

1 Die Zartbitter-Schokolade mit dem Likör in eine Schüssel geben. Im Wasserbad unter Rühren schmelzen und sorgfältig verrühren.

2 Die Butter zufügen und unter Rühren zerlassen. Puderzucker und gemahlene Mandeln einrühren.

3 Die Masse an einem kühlen Ort leicht fest werden lassen und zu 24 Kugeln formen.

4 Die geriebene Schokolade auf einen Teller geben und die Trüffeln rundum darin wälzen.

5 Die Trüffeln in Papierkapseln setzen und kalt stellen.

2

2

4

Weiße Trüffeln

Ergibt 20 Stück

30 g Butter
80 g Crème double
225 g beste weiße Schokolade
1 EL Orangenlikör (nach Belieben)
100 g weiße Schokolade, zum Dekorieren (nach Belieben)

1 Eine sehr flache Backform mit Backpapier auslegen.

2 Butter und Crème double in einem kleinen Topf unter ständigem Rühren vorsichtig aufkochen. 1 Minute kochen, dann vom Herd nehmen.

3 Die Schokolade in Stücke brechen und zugeben. Unter Rühren schmelzen. Falls verwendet, den Likör unterrühren.

4 In die Auflaufform füllen und 2 Stunden kalt stellen.

5 Kleine Stücke von der Masse abbrechen und zu Kugeln formen. Weitere 30 Minuten kalt stellen.

6 Für den Überzug die weiße Schokolade schmelzen. Die Kugeln eintauchen, überschüssige Schokolade abtropfen lassen. Auf Backpapier setzen und mit den Zinken einer Gabel mit Mustern verzieren. Aushärten lassen.

7 Nach Belieben mit etwas geschmolzener weißer Schokolade besprenkeln und fest werden lassen.

4

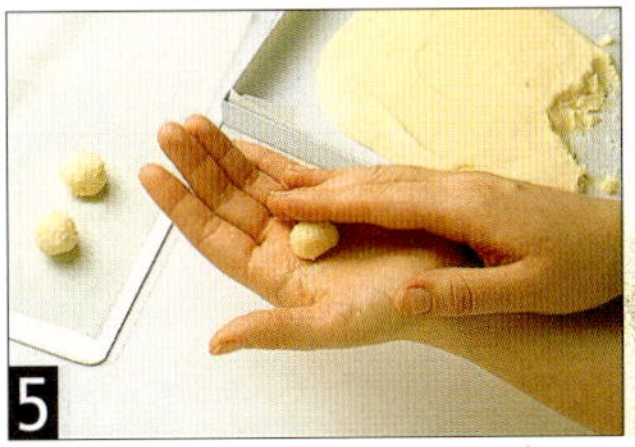

5

6

Kandierte Zitrusschalen

Ergibt 60 Stück

1 große, dickschalige Orange
1 große, dickschalige Zitrone
1 große, dickschalige Limette
600 g Zucker
300 ml Wasser
120 g hochwertige Bitterschokolade, gehackt (nach Belieben)

1 Die Orange längs vierteln, den Saft auspressen (zum Trinken oder für ein anderes Rezept aufbewahren). Jedes Viertel längs halbieren.

2 Die Schalen ganz von der Frucht befreien. Die weiße Haut an der Schale mit einem Messer vorsichtig und vollständig entfernen (sie enthält Bitterstoffe).

3 Diese Schritte mit Zitrone und Limette wiederholen, die Limette aber nur vierteln. Jede Schale in 3–4 Streifen schneiden, sodass insgesamt 60–80 Stück entstehen. Die Streifen in kochendes Wasser geben und 30 Sekunden kochen. Abgießen.

4 Zucker und Wasser in einen Topf geben und bei mittlerer Hitze so lange rühren, bis sich der Zucker aufgelöst hat. Bei starker Hitzezufuhr aufkochen, dabei nicht rühren. Wenn der Sirup klar wird, die Hitze bis zur niedrigsten Stufe reduzieren.

3

5 Die Zitrusstreifen zufügen und mit einem Holzlöffel unter Wasser drücken. 30 Minuten im Sirup köcheln, ohne zu rühren. Vom Herd nehmen und zum Abkühlen mindestens 6 Stunden ruhen lassen.

6 Ein Backblech mit Alufolie auslegen. Vorsichtig die dünne Haut auf dem Sirup entfernen. Die Streifen einzeln aus dem Sirup nehmen, abschütteln und auf der Folie weiter auskühlen lassen.

5

7 Für den Schokoladenüberzug die Schokolade schmelzen. Die Zitrusstreifen einzeln bis zur Hälfte in die Schokolade tauchen und auf der Folie trocknen lassen. Wenn sie vollständig getrocknet sind, in einem luftdichten Behälter aufbewahren.

6

Warmer Schoko-Eierlikör

Für 4 Personen

8 Eigelb

200 g Zucker

225 g Zartbitter-Schokolade

1 l Milch

150 ml dunkler Rum

1 Eigelb mit dem Zucker schaumig rühren.

2 Die Schokolade reiben, dann Milch in einen großen Topf gießen, die Schokolade zugeben und unter Rühren aufkochen. Vom Herd nehmen. Nach und nach die Eigelbmasse unterrühren. Dann den Rum unterrühren, in hitzebeständige Gläser gießen und servieren.

1

2

2

Heiße Schokolade mit Schuss

Für 4 Personen

1 l Milch

115 g Zartbitter-Schokolade, in Stücke gebrochen

2 EL Zucker

5 EL Weinbrand

6 EL Schlagsahne und 4 TL Kakaopulver, gesiebt, zum Dekorieren

1 Milch in einen Topf geben, unter Rühren aufkochen, vom Herd nehmen. Schokolade in einen kleinen Topf geben, 2 Esslöffel heiße Milch zufügen. Schokolade bei schwacher Hitze unter Rühren schmelzen, dann unter die übrige heiße Milch rühren. Zucker unterrühren.

2 Weinbrand unterziehen. In 4 hitzebeständige Gläser geben. Auf jedes Glas eine Schlagsahnehaube geben; diese mit Kakao bestäuben.

Kalte Schokoladendrinks

Für 2 Personen

SCHOKO-MILCHSHAKE
450 ml eiskalte Milch
3 EL Instant-Kakaopulver
3 Kugeln Schokoladeneis
Kakaopulver, zum Bestäuben (nach Belieben)

SCHOKOLADENEIS-SODA
5 EL Schokoladensauce (s. S. 104)
Mineralwasser
2 Kugeln Schokoladeneis
Schlagsahne
Zartbitter-Schokolade, gerieben

1 Für den Schoko-Milchshake die Hälfte der Milch in einen Mixer gießen.

2 Trinkschokoladenpulver und 1 Kugel Eiscreme zugeben. Mixen, bis die Mischung schaumig ist. Die restliche Milch unterrühren.

3 Die restlichen 2 Eiskugeln auf 2 Gläser verteilen und vorsichtig mit der Schokoladenmilch übergießen.

4 Nach Belieben mit etwas Kakaopulver bestäuben und servieren.

5 Für das Schokoladeneis-Soda die Schokoladensauce auf 2 Gläser verteilen.

6 Etwas Mineralwasser in jedes Glas gießen und mit der Sauce verrühren. 1 Kugel Eis in jedes Glas geben und mit ein wenig Mineralwasser übergießen.

7 Nach Belieben einen Klecks Sahne zugeben und mit geriebener Schokolade bestreuen.

TIPP

In großen gekühlten Gläsern serviert, sind diese Drinks eine köstliche Erfrischung. Reichen Sie dazu Strohhalme.